주신구라

47인 사무라이의 복수극

차례

Contents

03 한국에 출몰한 사무라이와 주신구라 16 의사(義士)는 정치적 선전물 20 극화의 의의 27 여자와 돈이 문제 35 약한 자여, 그대 이름은 한간 40 할복은 타살이다 49 의리지상주의 61 패러디 천국 75 주신구라 문화의 역동성 83 시대의 표상

한국에 출몰한 사무라이와 주신구라

천하태평한 일본의 근세, 겐로쿠([元祿], 1688~1703) 시대에 한때 세상을 떠들썩하게 한 사건이 발발한다. 1701년 3월 14일 아침, 에도성은 교토의 칙사(勅使)를 맞이하느라 긴장된 모습이었다. 매년 새해인사를 나누는 관례에 따라 에도 막부 측의 기라 고즈케노스케[1]가 교토 조정에 인사차 상경했고, 이날 조정에서는 답방한 칙사들에게 쇼군의 봉답(奉答)의 의례가 있을 예정이었다. 그런데 많은 관계자들이 분주히 준비를 하고 있는 이날 아침에 성안에서 사건이 터지고 말았다. 아코[赤穗] 영주로 예전담당관으로 임명된 아사노 다쿠미노카미가 복도에서 이야기를 나누고 있었던 기라에게 느닷없이 칼을 휘둘렀던 것이다. 이에 아사노는 할복조치를 받는다. 영주를 잃은

47인의 낭인들은 망군(亡君)의 한을 풀기 위해 다음해 12월 15일 새벽에 기라 저택을 습격, 복수하게 된다. 후세의 역사가들은 보통 이를 아코 사건이라 부르는데, 세상 사람들은 주신구라[忠臣藏] 사건이라고 한다.

「주신구라」는 정식으로 「가나데혼 주신구라(假名手本忠臣藏)」라고 하는데, 이것은 아코 사건을 인형극으로 극화한 작품명이다. 모범[手本]이 되는 충신 47인(일본의 가나문자는 47자)이 가득하다(藏)는 의미가 담겨져 있다.

「주신구라」는 지금도 여전히 일본인이 가장 좋아하는 이야기이다.[2] 예전만큼은 아니지만 여전히 일본에서는 연말이 되면 「주신구라」에 관한 이야기가 각 미디어를 통해 쏟아져 나온다. 「주신구라」의 소재가 된 아코 사건이 일어난 지 벌써 300년이나 지났지만 그 사이 풍화된 흔적도 없이 오늘날까지 보전 계승되어온 이유는 무엇일까? 물론 가부키[歌舞伎]와 영화에서 인기 배우가 주역을 맡고, 스토리도 회를 거듭할 때마다 관객의 흥미를 끌기 위해 새로 다듬는 노력이 있었기에 가능했으리라 생각한다. 그러나 무엇보다도 사건의 본질이 일본인의 마음에 다가왔기 때문일 것이다. 「주신구라」는 수많은 연극과 소설, 그리고 영화로 변용될 뿐만 아니라 TV드라마로 높은 시청률을 올리고 있다.

이 「주신구라」는 모두 꾸며낸 픽션만으로 짜여진 이야기는 아니다. 1701년에 실제로 일어난 사건의 실록 드라마인 셈이다. 일본 중세의 전국 시대 혼란도 도쿠가와[德川]가 천하를 통일하자 태평 시대로 접어든다. 이렇게 되자 살인업자이기도 한 무사들이 삶의 방향을 잃게 되었다. 그런 시대에 47인의 아코 낭인들이 주군의 원수를 갚는 대사건이 일어났던 것이다. 장렬하게 복수를 감행한 이들은 뭇사람들의 영웅이 되었다.

「주신구라」는 복수를 금한 체제에 대한 반역의 드라마이기도 하고, 주군의 원수를 갚는 충성스런 부하들의 드라마이기도 하며, 체제에 대한 충성심이 투철한 이야기이기도 하다. 당시의 정부인 도쿠가와 막부는 심사숙고한 끝에 47인의 사무라이에게 할복을 언도한다. 이 무사의 명예라고도 할 만한 아코 낭인들의 복수 대상은 기라 고즈케노스케이다. 이 늙은이 한 사람의 목을 치기 위해 47인의 사나이들이 필사적으로 노력한 끝에 바라던 큰일을 성사시키고 할복한다. 어찌 이렇게 많은 목숨을 아무렇지도 않게 내놓을 수가 있는가하고 치를 떨지 모르겠다. 「주신구라」에는 눈 내리는 날에 감행하는 습격장면을 비롯해서 일본인들이 좋아하는 명장면과 흥미를 자아내는 에피소드들이 아로새겨져 있다. 드라마의 발단이 주군 아사노가 그의 상사인 기라에게 뇌물을 제대로 주지 않았기 때문이라고 하는 것도 매우 일본적이다.

필자는 이 밖에도 일본, 일본인, 일본사회를 '주신구라'라는 프리즘의 다양한 스펙트럼으로 소개하고자 한다.

1988년 서울올림픽을 기념하는 서울국제연극제에 일본의 가부키 극단이 참가하여 첫 공연을 가졌다. 서울올림픽 조직위원회가 일본 외무성을 통해 정식으로 초청한 것이다.[3] 당시

제3막의 칼부림 장면에서 한간 역의 7대 오노에 바이코(1915~1995)와 모로노 역의 17대 이치무라 우자에몬[市村羽左衛門].

일본의 연극, 영화 등에 굳게 빗장을 걸고 있었던 만큼 그에 대한 반향이 주목된 가운데 공연은 대성황을 이루었다. 9월3일부터 6일까지 국립극장 대극장에서 2편의 작품을 상연한 것이다. 가부키 3대비극 중의 하나인 「가나데혼 주신구라(仮名手本忠臣藏)」와 무용극 「미가와리 자젠(身替座禪)」이었다. 이에 앞서, 일본 측은 광복 후 첫 가부키 공연을 기념하여 일본문화원에서는 8월 18일부터 문화원 전시홀에서 「歌舞伎 美展」을 마련하기도 하면서 가부키에 대한 홍보에 각별한 신경을 기울였다. 그도 그럴 것이 이 가부키로 일본문화개방의 물꼬를 트는 역을 하고 싶었을 것이다.

"가부키는 일본뿐만 아니라 오늘날 세계에서 인류가 만든 최고의 예술이며 문화의 한 형태로서 계속해서 생생하게 살아 숨쉬고 있다"고, 당시 학예고문으로 내한한 연극학자 가와타케 도시오[河竹登志夫] 씨가 자랑할 정도로 400년 전통의 독특한 무대장치와 양식화된 연기술을 유감없이 발휘하였다. 「가나데혼 주신구라」에서 주인공 엔야 한간의 역을 맡은 오노에 바이코[尾上梅幸] 씨는 7대를 이어온 가부키 배우이다. 그는 예술감독을 겸하고 있었던 터라 5월에 무대 사전조사까지 직접 확인하였다. 그는 가부키 배우로서의 자질완성은 칼쓰는 법, 대사발성, 춤을 익히는 데 끊임없는 훈련으로 이루어진다고 말했다. 물론, 일본무용 학자 중에서는 "일본무용은 지역적인 특색은 있지만 세계성이 결여되어 있다"고 평가하는 경우도 있다. 가부키에 대한 일본의 자신감, 세계의 평가 그리고 그에 대해 한국 연극인들은 무척 많은 관심을 기울였다.

가부키 역사상 처음으로 한국공연이 된 「가나데혼 주신구라」의 무대는 국립극장 대극장의 무대공간을 충분히 활용하여 하나미치[花道][4], 회전무대, 장치 이동, 무대 좌우의 악사 등, 일본에서와 동일한 가부키 무대공간을 설치하였으며 독특한 소리와 동작, 현란한 의상의 형식적 표현미를 관객들에게 선보였다. 지금까지 계승 발전되어 오면서 일본 국내외에서의 인기와 반응 등을 볼 때 연극인의 입장에서는 부러운 점들이 많았으리라고 생각된다.

브레히트 등이 현대 서양연극의 새로운 돌파구를 동양의 전통연극 속에서 찾으려고 했을 때부터 가부키는 중국의 경극 등과 함께 서양연극의 여러 가지 실험에 그 방법과 미학이 이용된 바 있다.

「가나데혼 주신구라」 전작의 총 상연시간은 8시간에 이르는 대작이나 서울공연에서는 '신사 앞 투구감식 장면', '아시카가 저택문전의 진상 장면', '성안의 칼부림 장면', '한간 할복 장면' 등을 상연한 2시간 반 동안의 축소판이었다. 그 중에서 '한간 할복 장면'은 공연이 끝나기가 무섭게 다양한 반응을 보였다.

서울의 한 주부는 "극의 내용에 관해서는 잘 모르지만 할복하는 장면은 좋은 감정을 가지고 볼 수 없었다. 한국에서는 그와 같은 방법으로 죽지도 않으며, 아무리 일본문화라고는 하지만 이해하기가 어렵다"고 고개를 갸웃거렸다. 나이 서른 살의 회사원도 "일본의 의리 감각도 중요하겠지만 왠지 사람의 목숨을 가볍게 여기는 경향이 있는 것 같다"면서 일본문화를 받아들이기 어렵다는 모습을 보였다.

한국 정부 당국은 1945년 이후 일본문화의 유입을 엄격히 제안해 왔기 때문에, 청년층을 중심으로 일본문화에 대한 이해가 좀 부족한 것도 사실이지만, 세계적으로도 이름이 잘 알려진 '하라키리(腹切; 할복)'가 일본의 군국주의를 연상시켜 한국인의 잠재적인 반일감정을 불러일으켰을지 모른다.

그러나 일본문화와 연극 등의 사정에 밝은 전문가들은 비교적 긍정적인 견해를 보였다. 「주신구라」와 「춘향전」을 비교 연구한 바 있는 이어령 씨는 "한국문화는 푸는 문화로 긍정적 사고를 바탕으로 하고 있는 반면에 일본문화는 조이는 문화로 긴장과 부정적 사고를 바탕으로 하고 있다. 다만, 최근엔 사고가 뒤바뀐 듯한 느낌이 든다. 「주신구라」의 할복 장면을 본 한국인은 자신들의 현재의 생각과 일치해서 환호할지도 모르겠다"고 밝혔고, 연극 연구가 서연호 교수도 "할복이 한국인에게 이해할 수 없는 풍속이라도 전통연극의 원작 그대로를 보여주었던 점은 의미가 있다. 그것으로부터 민간의 문화외교도 출발한다"고 가부키의 예술성을 중시하는 입장이었다.[5)]

한편, 가부키 공연으로 적어도 공적, 그리고 제도적으로 일본문화에 대한 장벽이 일단은 헐린 셈이라고 내다본 국문학자인 김열규 교수는 "하지만 심리적 정신적, 그리고 감정적 막음이 덩달아 쉽게 풀릴지 어떨지 쉽게 장담하고 싶지 않다. 아직도 망설이게 된다. 가부키로 공연된 「주신구라」의 주제를 곱씹게 되면 망설임은 더욱 짙어지게 된다"면서 "「주신구라」는 부당한 압제에 대한 항거, 그리고 억울하게 당한 원한의 풀이, 말하자면 이유 있는 복수를 일본식으로 최대한으로 미화하고 있고 또 찬양하고 있다"고 전제한 뒤 "한데, 일본인들은 그들이 압제한 남들의 항거, 남들의 복수를 제대로 수용할 태세를 세계대전 이후 오늘날까지 어떻게 가다듬어 온 것일까? 그들의 가슴에 꽂히는 칼을 받아들이라는 얘기는 아니다. 칼을 꽂고 싶은 그 마음을, 그 복수심을 어떻게 이해하고, 어떻게 그것에 대처했는가 하는 물음 때문에 필자는 망설임을 다스리기 어려운 것이다"[6)]라고 붓을 들고 칼의 문화를 향해 일격을 가한 듯한 발언을 했다.

주신구라는 일본의 연중행사

일본의 국민극 「주신구라」는 곧잘 아코 사건과 혼동되는 경우가 많은데, 이는 사건 자체가 이미 문학화된 것이라 할 수 있다. '주신구라'라는 이름이 세간에 알려진 것은 1748년 오사카[大坂]에서 조루리 인형극[人形淨瑠璃]으로 초연되었던 「가나데혼 주신구라」 이래의 일이다. 곧이어 에도 시대에 이르러서는 가부키의 기사회생의 묘약으로 칭송될 만큼 인기 최고의 연극[芝居]이 되었으며 현재도 각 문화장르를 통해서 다채롭게 나타나고 있다.

「주신구라」의 소재가 된 겐로쿠 시대의 아코 사건 자체는 사소하고도 우발적인 역사의 사상(事象)이다. 도쿠가와 막부(幕府)의 전성기인 18세기 초, 일본 중부의 작은 지방 아코의 젊은 영주 아사노 다쿠미노카미[淺野內匠頭]가 거물급 영주인 기라 고즈케노스케[吉良上野介]로부터 따돌림을 당하자 분에 못 이겨 장소도 가리지 않고 젊은 혈기에 칼을 빼드는 사건이 터진다. 무사가 칼을 뽑은 이상 행동으로 옮기는 것은 당연한 이치이나, 그는 이마에 상처를 입히는 것에 그치고 만다. 그런데 사건이 발생한 곳이 당시의 절대자인 쇼군[將軍]의 성안이었으며 부상을 입은 기라는 쇼군의 절대적인 총애를 받던 인물이라 아사노는 할복으로 죄값을 치르라는 명을 받는다. 뿐만 아니라 영지도 몰수되고 그에 따라 가신들은 갈 곳 잃은 처량한 신세로 전락하고 만다.

아사노의 일등가신 오이시 구라노스케[大石內藏助]는, 영지 몰수에 응하지 말고 반란을 일으키자는 다른 사무라이들의 주장에 대하여 "지금 봉기를 해봐야 헛되이 목숨만 잃을 뿐이며,

이는 바로 기라가 원하는 바"라며 후일을 도모하자고 동료들을 설득한다. 이후 오이시는 기라 측의 감시의 눈을 흐리게 할 목적으로 때로는 주색에 빠진 난봉꾼 행세도 해가며 복수의 계획을 하나씩 실행해나간다.

폭설이 내리는 12월 14일, 만반의 준비가 끝나고 복수의 칼날을 갈던 47인의 사무라이들은 거사를 감행, 주군의 원수 기라와 그의 식솔 20명을 살해한다. 하지만 이 역시 명백한 실정법 위반이므로 이들은 다시 할복을 명받아 모두 장엄한 최후를 맞는다. 이것이 역사의 흐름을 바꿀 만한 큰 사건이 아니었음에도 불구하고 「주신구라」가 후대의 사람들에게 미친 영향은 실로 대단하다.

「주신구라」는 아코 낭인들이 기라의 저택에 습격한 1701년으로부터 47년째인 1748년에 오사카의 다케모토자[竹本座]라는 극장에서 인형극으로 초연되었는데,[7] 대단한 인기를 끌었다고 한다. 그러자 곧 가부키로 상연되어 에도, 오사카, 교토는 물론이며 각지에서 돌풍을 일으켰고, 에도 시대 말기까지 타의 추종을 불허하는 상연횟수 기록을 보유하고 있다. 물론 근대 이후에도 변함없는 인기를 모아 지금도 연말이 되면 반드시 어디에선가 「주신구라」의 흥행이 이루어진다. 뿐만 아니라, 1986년에는 금세기 최고의 안무가 모리스 베자르(Maurice Bejart)가 「주신구라」를 선정해 연출한 「더 가부키 *The Kabuki*」를 도쿄발레단이 공연하여 호평을 얻은 바 있으며, 또한 유럽 각지를 순연하여 대단한 반향을 불러 일으켰다. 또한 최근에는 오페라로 상연되기도 했다. 「주신구라」는 왜 이처럼 인기와 생명력을 지니고 있는 것일까?

그것은 아코 낭인들이 죽음을 불사하고 주군의 원수를 끝까지 갚는다는 것, 즉 권력정치의 불공평함을 당당히 규탄하며 집단행동을 통쾌하게 완수한 점에 지카마쓰 몬자에몬[近松門左衛門]을 비롯한 많은 작가들이 주목하였기 때문이다. 또한 작가들이 이를 칭송하며 만든 작품들이 각색, 상연되어 회를 거듭함에 따라 「주신구라」 이야기는 오랫동안 많은 작가와 명배우들에 의해 더더욱 세련미를 더하여 결국은 전 11막으로 구성된 완결판 「가나데혼 주신구라」(「주신구라」로 약칭)가 역사, 풍속, 비극, 익살 등의 다채롭고도 짜임새 있는 연극으로 손질되었기 때문이라고 볼 수 있다. 47인의 사무라이들이 주군의 원수를 갚는 「주신구라」를 좋아하는 사람은 오이시를 필두로 한 사무라이들이 모든 공적, 사적갈등에 괴로워하면서 마지막에는 권력의 횡포에 필사적으로 맞서는 용감한 모습에 감동하는 것이다.

성안에서 있었던 칼부림 사건의 동기가 불분명하기 때문에 주군의 유언을 받들어 모신 아코 낭인들이 기라를 습격한 의의도 분명치 않고, 사건이 안고 있는 많은 수수께끼는 결정적인 해답을 얻지 못한 채 연구자와 작가 그리고 지식인의 추측에 의해 「주신구라」의 이미지는 계속적으로 증폭되어 왔다. 따라서 47인의 복수극에 대한 해석의 폭도 충의에서 반항에 이르기까지 십인십색이라 해도 좋을 만큼 다양하다.

이는 아코 낭인의 기라습격이라는 사실(史實) 자체가 갖는 다의적 성격에 유래하지만, 보다 본질적으로는 아코 사건을 근대의 천황제 국가의 발전에 공헌하는 이야기로 꾸미려고 하는 측과, 그에 반해 아코 낭인의 행위를 비판, 해체하려고 하는 측의 사상적 대립에서 비롯된다. 즉, 「주신구라」라는 일본의 국민적 낭만을 둘러싸고 연구자, 작가, 지식인들 사이에 의미의 쟁탈전이 격하게 벌어져온 것이다.

「주신구라」는 근대 일본의 사상투쟁의 장과 같은 면모를 보이고 있다. 그렇지만 전체적 이미지는 복수라고 하는 인간의 지우기 어려운 정념과 칼부림, 습격, 할복으로 전개되는 탄탄한 서사적 구조로 짜여져 조금도 흐트러짐이 없기에, 오히려 그러한 다양한 이론(異論)과 새로운 해석을 거듭하면서 발전되어 왔다고도 볼 수 있다. 근대 일본에서의 「주신구라」의 변용은 역사의 변동과 더불어 크게 변하는 정치상황과 사람들의 가치관을 예리하게 반영하는 역사적 표상으로서의 역할을 다하여 왔던 것이다.

그리고 이러한 거대한 「주신구라」문화를 지탱하고 있는 것은 아무래도 아코 사건의 사실에 대한 관심과 뭔가 이질적인 일본인의 정신이라고 생각된다. 아코 사건은 단순한 하나의 역사사상(歷史事象)을 넘어 사람들의 상상력을 자극하는 상징적인 다의성을 지닌 일본인의 정서에 부합하는 요소를 상당히 많이 지니고 있을 것이다.

「주신구라」가 일본인의 정신 형성에 끼친 영향력은 근대에 들어와서도 이어진다. 근대 일본의 「주신구라」는 메이지 유신 이래의 국민국가 형성과 밀접한 관계를 유지하면서 특히 전쟁이나 반란이 일어났을 때에 집단적으로 상기되어 마치 하나의 행동강령과 같은 성격을 지녔기 때문이다. 그런 의미에서 근대의 「주신구라」는 단지 민중이 애호한 문예물이었던 것뿐만 아니라 근대 일본의 중요한 정치문화로서의 기능도 담당했다고 볼 수 있다.

근대의 「주신구라」는 근세와 같이 개인과 집단의 정체성에 관계될 뿐 아니라 국민의 아이덴티티를 형성하여 내셔널리즘의 일환으로 군림하는 정치사회적 특색을 보이는데, 그것은 크게 두 가지의 입장으로 나눠볼 수 있다. 하나는 1868년 11월에 메이지 천황이 센가쿠지[泉岳寺]에 칙사를 파견해 오이시를 비롯한 아코 낭인의 행동을 칭송한 것을 받아들여 그들을 의사(義士)로 찬미하는 국수주의 입장이다. 근대의 「주신구라」에서 압도적으로 많은 부분이 바로 의사전(義士傳)과 같은 것이다.

「주신구라」는 무엇보다도 오랫동안 무사도의 맥락에서 읽혀왔다. 메이지 유신 이후 무사도 정신은 국민도덕의 골격을 형성했으며, 국가 이데올로기의 중심을 차지했다. 자기규율을 통해 인내하고 주군을 위해 목숨을 아끼지 않는 「주신구라」 이야기는 교육현장에서 충군애국(忠君愛國)이라는 이데올로기를 강화하는 데 더할 나위 없이 적합한 텍스트였다. "꽃은 사쿠라, 사람은 사무라이"라는 말을 남기고 명예를 위해, 충성을 위해 장렬하게 산화한 47인의 사무라이 이야기는 죽음에 대한 일본적 미학의 한 전형이기도 했다.

다른 하나는 1873년 2월에 복수를 국가공권을 범하는 중대한 범죄행위로 규정하여 금지한 '복수금지령'에 의거해 의사(義士)로 인정하지 않는 계몽주의의 입장이다. 물론 이 양극의 「주신구라」 사이에 다양한 뉘앙스를 지닌 의사찬미와 의사비판이 존재하고, 또한 양자는 서로 복잡하게 교착하면서 전개된다. 요컨대, 근대의 다양한 「주신구라」는 메이지정부의 칙사파견과 복수금지령이라고 하는 서로 모순되는 정책을 개개의 연구자가 어떻게 받아들여 아코 사건에 어떠한 의미를 부여하느냐에 따라 그 위상이 정해지는 것이다. 이러한 문제의식을 갖고 「주신구라」의 전체상을 파악하기 위해 개개의 문화영역의 텍스트를 몇 종류로 유형화하여 상호 관련성에 유의하면서 각 유형의 「주신구라」가 시대의 흐름 속에서 어떻게 변화해갔는지를 살펴보는 것도 의의가 있다고 하겠다.

의사(義士)는 정치적 선전물

47인의 습격에 대한 찬반의 격론이 벌어졌다. 무로 규소[室鳩巢]는 『赤穗義人錄』에서, 하야시 노부아쓰[林信篤]는 『復讐論』에서 각각 47인의 사무라이를 의사로 칭송하였다. 이에 반해 사토 나오카타[佐藤直方], 오규 소라이[荻生徂徠], 다자이 슌다이[太宰春台] 등은 기라는 아사노의 원수가 아니고 습격사건은 의로운 행동으로 볼 수 없는 범죄행위라며 47인의 사무라이를 비판했다. 일련의 주장들을 표로 나타내면 다음과 같다.

찬/반	논자	저서	내 용
찬	林信篤 (1644 ~1732)	『復讐論』 1703년	·망주(亡主)의 원수를 갚은 47인의 사무라이는 무사도의 실천자라고 칭찬했다.

			·공법(公法)의 입장에서 보면, 천하의 법을 무시한 행동이며 사형에 해당한다.
찬	室鳩巢 (1658 ~1734)	『赤穗義人錄』 1703년	·사건발단부터 습격에 이르기까지의 사건개요를 서술했다. ·47인을 의인(義人)으로 칭했다.
반	佐藤直方 (1650 ~1719)	『四十六人之筆記』 1705년 이전	·기라는 원수가 아니다. ·公法에 어긋나는 47인의 행동은 의(義)에 해당하지 않는다.
반	荻生徂徠 (1666 ~1728)	『論四十七人之事』 1705년경	·기라는 원수가 아니다. ·따라서 기라를 친 47인의 행동은 폭거(暴擧)이다.
찬	淺見絅齋 (1652 ~1711)	『赤穗四十六士論』 1706년 이후	·佐藤直方에 반론. ·아사노는 기라에 처형당한 것과 같으며 주군의 원수를 처단한 것은 충의(忠義)이다.
찬	三宅觀瀾 (1674 ~1718)	『烈士報讐錄』 1713년 이후	·47인을 열사(烈士)로 칭했다.
찬	三宅尙齋 (1662 ~1741)	『重固問目, 佐藤直方朱批』 1718년	·佐藤直方를 비판. ·46인은 군신(君臣)의 의리(義理)를 아는 의사(義士)이다.
반	太宰春台 (1680 ~1747)	『赤穗四十六士論』 1732년경	·아코성에서 죽지도 않고, 원수도 아닌 기라를 죽이고 또, 습격 직후 자결하지 않은 것은 義를 모르는 것이다.
찬	松宮觀山 (1686 ~1780)	『讀四十六士論』 1730년대	·太宰春台의 논(論)은 추론(推論)에 불과하며 사실(事實), 시세(時勢)의 조사가 충분하지 않다고 반론했다.
찬	五井蘭洲 (1697 ~1762)	『駁太宰純四十六士論』 1730년대	·太宰春台를 비판. ·46인의 행동은 공법(公法)에 반하여 범죄에 해당하지만, 의(義)에 들어맞는 일도(一道)가 있는 것이다.
찬	赤松滄洲 (1721 ~1801)	『赤穗四十六士論評』	·太宰春台를 논박(論駁).

이 논쟁을 46인의 심정과 죽은 주군과의 군신관계에서 보면 그들의 행동은 일반적으로 의(義)에 해당하고, 무사도를 실행한 거사라고 할 수 있다. 막부의 법을 위반했다고 해서 처형당한 모순이 문제였던 것으로 판단했던 것이다.

아사노가 사적인 원한으로 칙사향응(勅使饗應)이라는 공식의례에 지장을 주어 그것이 막부의 공법에 저촉됨에 따라 할복과 가계단절(家系斷絕)이라는 처분을 받는 것은 당연했을 것이고, 아사노 자신도 공적인 규범이 사적인 동기보다 우선한다는 것을 자각하면서 그 죄에 굴복했을 것이다. 당시의 통념으로 보면, 아코 낭인들도 그 처분에 복종했어야 했다. 아코의 가신들이 처음에는 농성하면서 막부의 사자(使者)와 한판 겨룰 생각이었지만 최종적으로는 기라 고즈케노스케를 무력으로 공격하는 이례적인 행동을 취했던 점은 이 사건의 특질을 해명해 주는 열쇠가 될 것이다.

당시 고위층 무사계급들은 새로운 세력의 어용상인들로부터 재정적으로 곤란을 겪고 있었으며, 하급무사들은 적빈여세(赤貧如洗)의 생활을 하고 있었다. 신세를 망친 다이묘도 많았고 떠돌이 낭인무사들이 거리에 넘쳐 유곽에도 무사들의 부인이나 딸들이 눈에 띄게 늘어나기 시작했다. 전쟁이 없어지게 되자 무사의 존재가치도 당연히 하락했지만, 사회체제는 변함없이 무사계급을 중심으로 움직이고 있었다. 경제정책의 실패에 의한 인플레의 진행도 생활고를 점점 가중시켰다.

아코 낭인들의 습격은 당시의 막부재정(幕府裁定)에 이의

(異議)를 주장하여 상부의 처분을 실력(實力)으로 파기한 반역 행위로 볼 수 있다. 그럼에도 불구하고 막부가 아코 낭인들을 죄인으로 벌하지 않고 의사(義士)로서 할복하게 한 것은 추락한 무사(武士)의 가치를 회복하려고 하는 정치적 선전이었을 것이다.

극화의 의의

막부의 금지에도 불구하고 그 후에도 수많은 주신구라 문예물은 시대를 바꿔가며 허구의 세계를 그려왔다. 서민들은 주군의 할복, 고난 끝에 이룩한 복수, 그리고 죽어간 주군의 뒤를 따른 할복이라는 일련의 사건에 대해 충신의사(忠臣義士)라는 명분뿐 아니라 자기가 마음먹은 일을 끝까지 관철하려는 의리를 지닌 47인의 무사들이 보여준 강력한 주종의 심정적 결합에 감동했다. 조루리 인형극으로는 사건이 끝난 후 3년째인 1706년 9월에 오사카 다케모토자에서 상연된 지카마쓰 몬자에몬의 「겐코법사 모노미구루마(兼好法師物見車)」가 가장 빠르다. 등장인물 중 엔야 한간은 아사노 다쿠미노카미, 모로노는 기라 고즈케노스케를 암시하고, 엔야의 가신인 야하타

로쿠로[八幡六郎]가 주군의 원수를 갚는다는 내용이다. 이 공연은 당국으로부터 상연금지 처분도 없었으며 지카마쓰는 이 연극의 후일담 형식으로 「고반 다이헤이키(碁盤太平記)」라는 속편을 발표하게 된다. 내용을 보면 시대는 아시카가 시대의 '다이헤이키'로 설정되어 있는데 각색도 상당히 사실적이고 관객은 허구의 세계를 통해 현실의 사건을 볼 수 있었던 것이다. 이 작품은 전작의 속편이라고 하는 형식을 취하고 있어 야하타 로쿠로가 오보시 유라노스케로, 그 밖의 배역도 리키야, 데라오카 헤이몬, 겐고에몬 등으로 모두 실제 이름의 음을 흉내내어 개명하고 가명(仮名)과 시대(時代)를 달리하여 상연되었던 것이다.

습격 후 47년째가 되는 1748년에 나온 다케다 이즈모[竹田出雲], 미요시 쇼라쿠[三好松洛], 나미키 센류[竝木千柳] 합작의 「주신구라」는 이때까지의 조루리, 가부키 각본의 집대성이라 할 만한 결정판이다. 이후의 수많은 작품들은 이 「주신구라」를 모태로 내용 또는 무대구성을 개작한 것들인데, 그 중에서도 1934년 2월 도쿄 가부키좌[歌舞伎座]에서 상연된 마야마 세에카[眞山青果]의 「겐로쿠 주신구라」는 새로운 시점에서 겐로쿠[元祿] 시대의 복잡한 현실과 인간관계 속에서 정리(情理)를 다해 살려고 했던 인간상을 사회적 시야를 통해 극화한 점에 특색이 있다.

「주신구라」에 관한 가부키, 조루리의 상연을 연대순으로 살펴보면 아코 낭인들을 소재로 한 연극들은 시대와 인물을

바꿨다고 하더라도 제목이 「이로하(いろは)」「가나(仮名)」로 되어 있는 것으로 보면 이는 47인의 사무라이의 수에서 따온 착상임을 짐작할 수 있다. 막부 당국도 사건 후 거의 50년이 지난 보연 연간(寶延 年間, 1748~1750) 이후에는 충신의사라고 세간에서 야단법석을 떨어도 금지와 억압을 가하지 않았다. 향보연간(享保年間)의 「엽은(葉隱)」와 「무도초심집(武道初心集)」에 있어서의 주종관계에 있어서도 '죽기를 각오한다'라고 늘 다짐하면서 살았던 무사들에게 사의(私義)로 자결한 아코 낭인의 행동은 새삼 무사 본연의 자세를 묻는 사건이었다. 주신구라 이야기가 생기고 나서부터 계속해서 나타나는 충신장물(忠臣藏物)을 보면 어디든지 에도서민이 등장해 낭인의 행동에 동정을 보내고 있다. 그것이 얼마만큼 진실인지는 모르지만 여러 가지 허구의 인물을 만들기까지 하면서 사건에 대한 평가를 했던 것이다.

「주신구라」는 세 가지의 특징을 들 수 있다. 첫째는 소위 가부키 3대 명작 중의 하나이면서 다른 두 작품과는 달리 내용 속의 사건이 당시, 즉 에도 시대에 실제로 일어났던 사건을 다루었다는 것이다. 두 번째는 이 작품이 대중으로부터 압도적인 인기를 얻고 있다는 점이고, 셋째는 이 작품이 시대에 따라서 여러 가지 모습으로 변화함과 동시에 또한 여러 가지의 변형을 낳는다는 것이다. 지카마쓰의 「고반 다이헤이키」가 후대의 주신구라 문예물과 다른 점은 「硝後太平記」와 같이 주군의 가문을 재건하려는 떠돌이 무사가 할복한다고 하는 결말을 취하고 있다는 점이다. 막부의 할복이라는 처벌은 막번제(幕藩制)의 질서와 무사의 충의가 타협을 짓는 유일한 해결책이라 해도 과언이 아니다. 그렇지만 그래도 충효를 장려해온 막부가 전대미문의 충신을 처벌하는 것이기 때문에 의사논쟁(義士論爭)에서도 문제가 되었듯이 막번제 질서의 모순을 드러내는 것은 불가피하였다. 「고반 다이헤이키」는 목적을 이루고 할복한 오보시 이하 45인의 동지를 호소카와 쓰나토시[細川綱利]와 같이 무사의 수호신으로 받들어 모시기는 하지만, 그 할복장면은 용서받기를 원하는 많은 사람들에게 새삼 지배의 가혹함을 통감하게 하였으며 주인을 잃은 무사들에 대한 애처로운 마음을 한층 더 강하게 갖게 하였다. 낭인의 처형 직후부터 에도를 엄습한 강풍이 '46인 망혼의 재앙'이라는 소문이 떠돌고, 더욱이 쇼군 쓰나요시의 죽음과 더불어 정치비판의 낙서가 나도는 상황에서 할복장면이 생생하게 재현되는 것이 막부입장에서는 결코 바람직한 일이 아니었을 것이다. 「주신구라」 연극에서 할복장면이 금방 사라지게 된 것은 이러한 막부에 대한 조심성이 있었기 때문이 아닐까 생각한다. 또한, 그와 동시에 아코 사건을 극화해서 서민들의 꿈이나 모험심을 품은 낭만을 이루어 주는, 일종의 오락물로서의 주신구라 이야기를 엮어내기 위해서는 아코 낭인 전원이 할복하는 장면이 사건의 비참함을 잊고 관객을 카타르시스로 몰고 가는 데에 오히려 장애가 되었기 때문에 사라졌을 가능성도 있다. 이렇게 하여 「주신구라」는 비로소 시대와 계층을 초월하여 사람들로부터 사랑받고 친숙한 국민적 서사시가 됐는지도 모르겠다.

1710년, 아코 낭인물의 붐을 타고 등장한 작품에는 장르를 뛰어넘어 어떤 공통된 특색이 있다. 그것은 사람들이 사건에 대해서 매우 많은 관심을 갖고 있기 때문에 생생한 뉴스성을 중시하여 묘사하고 있다는 점이다. 지카마쓰의 「고반 다이헤이키」의 습격장면은 그 전형인데, 사건을 그대로 각색했다고 해도 과언이 아니다.

그러나 호에이[寶永] 시대의 낭인물 붐이 지나가고 아코 사건에 대한 직접적인 관심이 점점 덜해짐에 따라서 연극계에서는 새로운 경향이 생겨난다. 하나는, 교호([享保], 1716~1735) 시대 이후 무사도의 체계화와 더불어 충의의 정신이 강조되었다는 것이다. 「忠臣いろは軍記」(1717)나 「忠臣金短冊」(1732) 등 가부키나 조루리의 연극 제목에 '충신(忠臣)'이라는 제목이 많이 보이게 되는 것은 그 때문이다. 또 하나는 색(色)과 금전에 얽힌 조닌(도시 상공업자)의 생활패턴에 깊이 관련되어 있는 이야기가 나타나는 것이다.

「주신구라」는 이러한 무사적 요소와 조닌적 요소를 적절하게 조화시켜 선행작품의 다양한 취향과 수법을 채용하면서 이들을 18세기 중엽의 현대풍에 맞게 재구성하고 집대성한 작품이라고 평가받고 있다. 이것은 당시까지 계속 이루어진 다양한 '버전 업'의 결과로, 유라노스케와 오카루·간페 등의 매력적인 인물을 조형하여 막번제 사회 속에서 살아가는 인간의 사랑과 고뇌를 사실적으로 그린 대서사시로까지 성립되었던 것이다. 사랑, 여자, 돈이 얽힌 점은 현대의 문예물이나 드라마와 마찬가지이다. 이와 같은 요소들이 이 작품이 후대에 이르기까지 압도적인 영향력을 갖게 하는 근본적이고도 보편적 이유라고 생각된다.

「원초적 본능」「쇼걸」「스타쉽 트루퍼스」「토탈 리콜」 등의 영화가 관객을 모으는 흡인력은 작품의 폭력성과 에로성이라 해도 무방할 것이다. 「주신구라」 역시 화려한 무대의상, 가부키의 샤미센 음악, 긴칼을 치켜들고 난투하는 장면인 다치마와리, 그리고 이따금씩 보여주는 선정적 장면, 에로틱한 대사 등등 당시의 관객들에게 여러 볼거리를 제공했다.

초대 이와이 시자쿠[巖井紫若]의 오카루의 기모노 속을 빤히 쳐다보고 있는 3대 오노에 기쿠고로의 유라노스케. 1837년 8월 나카무라좌[中村座] 상연. 그림은 초대 구니사다[國貞].

일례로 제7막을 보자. 이치리키[一力] 유곽에서 가오요의 밀서를 읽던 유라노스케는 2층에 있던 오카루에게 들켰다고 생각해 "할 말이 있다"면서 아래로 내려오라고 하자 오카루가 9단짜리 사다리를 타고 요염하게 내려오는 대목이 있다. 그런데 사다리가 배처럼 흔들려 그것을 타고 내려오는 게 좀 무섭다고 오카루가 말하자 유라노스케는 사다리를 잡아 주며 오카루의 음부[船玉樣]를 본다. 「원초적 본능」에서 가장 선정적인 것은 샤론 스톤의 심문장면이다. 상대 배우와의 열정적인 섹스신에서도 화면은 그녀의 체모를 적나라하게 보여준다. 예나 지금이나 관객의 눈은 변함이 없는 모양이다.

여자와 돈이 문제

발단은 호색(好色)

기라습격사건은 그 전 해에 아코의 영주 아사노 다쿠미노카미가 때와 장소도 구별하지 않고 성안에서 마구 칼을 휘두른 사건이 원인이 되어 일어난 것이다. 그러나 성안에서의 칼부림 사건은 아사노와 기라의 충돌사건 전에도 일어났던 것으로 그렇게 별난 사건이 아니다. 그리고 그와 같은 사건은 그때마다 처벌을 받아 일회성으로 끝나버리기 때문에 나중에 후유증도 없이 잊혀진다. 아사노와 기라의 싸움도 이듬해의 습격사건이 없었더라면 역사 속에 묻혀버렸을지도 모른다. 또한 한두 사람에 의한 복수도 아니고 47명이나 되는 집단이 단결

해서 정정당당하게 행동했다는 점에서 이 사건은 세간의 이목을 집중시켰던 것이다. 아코 사건은 성안의 칼부림사건 및 기라습격사건과 한 세트가 되어 세인의 커다란 관심과 흥미를 불러일으켰고, 얼마 안 되어 연극으로 상연되었다. 그 연극이 여러 취향으로 상연되더니 1748년에 조루리 인형극 「가나데혼 주신구라」로 집대성되어 그 후로 소위 「주신구라」라는 일류 브랜드로서 일본 문화계에서 부동의 자리를 지켜오고 있는 것이다. 연극으로서 완성되었다는 것은 역사적 사건이 아니라 문화적 사건이라고 말할 수 있다. 어쨌든 1701년의 칼부림사건, 다음해의 습격사건, 그리고 47년 후의 「가나데혼 주신구라」의 상연이 한 세트가 되어 「주신구라」는 도쿠가와 시대를 통한 역사적 문화적 사건으로서 세상 사람들의 기억에 남게 된 것이다.

모로노(1대 반도 가메조)가 가오요(3대 사와무라 다노스케)에게 치근덕거린다. 1862년 에도 나카무라좌에서의 공연. 그림은 3대 도요쿠니[豊國].

도쿠가와 막부는 당시의 사건, 특히 무사사회의 사건을 그대로 상연하는 것을 금했다.[8] 아코 사건은 쇼군 쓰나요시[綱吉]의 조치로 아사노 측에만 처벌이 내려졌기 때문에 이 사건의 극화는 막부당국을 비판하는 측면으로도 이어졌고, 때문에 막부가 특히 신경을 곤두세운 것은 당연하였다. 그래서 「가나데혼 주신구라」에서는 시대배경을 다이헤이키[太平記[9]]로 하였고 무대를 가마쿠라[鎌倉]로 했던 것이다. 시대를 다이헤이키의 세계로 적용시킨 또 다른 이유는 「다이헤이키」라는 작품이 서민을 상대로 하는 「다이헤이키 요미」에 의해 널리 유포되어 세상 사람들에게 이미 친근하다는 점이었다. 「다이헤이키 요미」는 이윽고 군담, 고샤쿠[講釋], 고단[講談]으로 발전해 갔으니, 「다이헤이키」의 이야기는 에도 시대의 서민에게는 없어서는 안 되는 오락이고 교양이었던 셈이다. 지카마쓰 몬자에몬이 「주신구라」에 앞서 「고반 다이헤이키」라는 제목으로 아코 사건을 작품화한 이유도 같은 맥락일 것이다.

「주신구라」의 서막은 특히 다이조[大序]라 한다. 무대는 가마쿠라[鎌倉]의 쓰루가오카 하치만구[鶴岡八幡宮] 신사이고, 통칭 '신사 앞 투구감식 장면'이라 한다. 배경은 호화로우면서 시원스럽게 스펙터클하여, 인간냄새와 피비린내 나는 드라마에 어울릴 듯한 현란한 무대인상을 준다. 여기에서 악역의 주인공인 모로노가 엔야 한간의 부인 가오요 고젠에게 말을 걸며 접근하는 장면 등등이 전개되는 가운데 대하드라마가 시작된다. 칼부림의 발단은 욕정이다. 가오요는 여색이 출중하여 모로노가 남의 여자를 넘보았던 것이다. 「주신구라」의 비극은 호색으로 시작된 셈이다.

투구는 고다이고 왕[御醍醐天皇]이 예전에 애용했던 것으로 닛타 요시사다[新田義貞]에게 하사한 것인데, 그것을 전승한 아시카가 다카우지[足利尊氏]가 투구를 신사에 봉납하려고 한다.[10] 천하를 평정한 다카우지는 조정에 충성심을 표할 요량으로 동생 다다요시[直義]에게 47개나 되는 투구 전리품 중에서 가려내라고 명하는데, 그 감정명령을 받은 사람이 고다이고 왕을 모셨던 궁녀 출신인 가오요 고젠이다. 그녀는 왕이 투구를 하사할 당시 그것을 전달하는 중개역을 했었다. 다다요시, 모로노, 칙사향응역의 모모노이 와카사노스케[桃井若狹之助]와 엔야 한간을 비롯한 다이묘[大名] 무사들이 늘어앉아 있는 가운데 가오요는 중책을 맡아 솜씨 좋게 그 일을 해냈다. 전부터 가오요에게 흑심을 품고 있었던 모로노는 그녀에게 연애편지를 몰래 보냈는데, 비열하게도 협박공갈을 섞어가며 구애를 하였다. 물론 그는 보기좋게 가오요에게 퇴짜를 맞고, 화를 가라앉히지 못한다.

이때 기름에 불을 붙이는 훼방꾼인 와카사노스케가 나타난다. 원래 투구를 감식할 때 와카사노스케가 말참견한 것 때문에 모로노는 사람들 앞에서 그에게 망신을 주었는데, 이에 크게 화난 와카사노스케는 엉겁결에 칼자루에 손을 갖다댄다. 한간의 칼부림에 앞서 또 다른 칼부림 사건이 일어났을 뻔했던 것이다. 색정으로 시작하여 피를 암시하는 대목에서 서막은 끝이 난다.

집으로 돌아온 와카사노스케는 신사에서 당한 굴욕의 응어리를 없애려고 모로노를 죽일 결심을 한다. 가문의 대가 끊긴다는 것은 알고 있지만 칼을 찬 무사의 몸으로 무용(武勇)의 신을 대할 면목이 없으니 전장에서 죽지 못한다 해도 모로노 한 놈을 베어버리는 것만으로 천하를 위하는 일이라며 그의 속마음을 가신인 가코가와 혼조[加古川本藏]에게 털어놓는다. 혼조는, 외곬으로 생각하는 주군의 고지식한 성질을 익히 알고 있는 터라 마당의 솔가지를 꺾으며 "자, 주군님. 이렇게 싹둑 베어버리십시오!"라고 힘을 돋구어 말한다. 그래서 보통 제2막을 '솔가지치기 장면'이라고도 한다. 충의를 다하는 것 같지만 교활할 정도로 경험이 많은 혼조가 주군에게 결행하라고 넌지시 주마가편 역할을 하고는 있는데, 그에게 실은 다른 꿍꿍이속이 있었다. 혼조는 급히 말을 대령시키고 모로노에게 달려가서는 자신의 주군을 잘 봐달라고 뇌물공세를 한 것이다.

뇌물에 죽고 뇌물에 산다

오늘날도 일본정가에서는 이따금씩 정치인의 뇌물스캔들로 매스컴이 술렁거리기도 한다. 정치인 자녀들의 결혼축하선물로 수백만 엔짜리의 그림을 선물한다든지, 때에 따라서는 요정, 골프, 온천순례, 해외관광에 이르기까지 그 수법도 다양하다.

에도 시대, 특히 다누마 오키쓰구[田沼意次]는 뇌물정권으로 권력을 쥐락펴락했고, 그는 에도 시대를 통해 부패한 정치가의 대표라 할 수 있다. 그러나 그의 경기부양책은 높이 평가받는 것이기 때문에 오늘날의 다누마 오키쓰구에 대한 평가가 일방적으로 부정적이지만은 않다. "정치와 도덕은 별개의 문제"라고 말한 사람은 아라이 하쿠세키[新井白石]인데, 다누마의 경우도 미묘하다. 자주 덥석덥석 뇌물을 받았던 다누마는 뇌물철학을 갖고 있었다. 한마디로 말하면 뇌물은 나쁜 것이 아니라는 것이다. 잠시 그의 뇌물철학론을 들어보자.

> 금전은 사람의 목숨과도 바꾸기 어려울 만큼 소중한 보물이다. 그 보물을 주고도 봉공(奉公)하기를 바라는 사람이라면 틀림없이 윗사람에게 충성을 다할 것이다. 의지가 강하고 그렇지 못한 것은 금품의 적고 많음에 나타난다. 나는 매일 등청하여 나라를 위해 힘쓰며 한시라도 편히 쉬는 적이 없다. 그저 귀가했을 때 집안의 복도에 여러 곳으로부터 받은 선물이 굉장히 많이 쌓여있는 것을 보면 잠시 위안을 받는다.

기가 막힐 노릇이다. 그러나 다누마가 한 말 속에는 도쿠가와막부의 제도와 정치문제 그 자체와 깊은 관계를 지닌 발언 등 여러 의미들이 도처에 숨어있다. 이 발언을 문자 그대로 해석하면, 그에게는 뇌물이라는 것은 정당한 것이고 그에 보답하기 위해 청탁을 받는 것은 당연한 일이다.

정치와 행정에는 계속성과 연속성이 있어, 수뇌부의 정치가 한두 명이 바뀐다고 해도 지금까지의 정책이 일순간에 바뀌지는 않는다. 다누마의 정치에도 전 정권으로부터의 연속성이

있을 것이다. 이것은 당연하다. 260여 년의 도쿠가와 시대를 통해 막부의 권좌에 오른 사람은 모두 집안대대로 도쿠가와를 섬겨온 무사와 도쿠가와 가문의 직속 무사들이었기 때문이다. 예전에 오다 노부나가[織田信長]와 도요토미 히데요시[豊臣秀吉]의 가신이었던 자가 세키가하라[關ケ原] 전투와 오사카 전투[大坂の陣] 이후 도쿠가와에게 충성을 다하겠다고 했지만 그렇다고 해서 도쿠가와 쪽이 이 무사들을 믿지는 않았다. 정책실행자인 관료의 포스트 자리에는 에도성 내에 그 어떤 낮은 자리에라도 그들을 앉히지 않았다. 이들은 만년 야당이었던 셈이다. 막부의 창시자인 도쿠가와는 이 두 그룹에 대하여 재미있는 처우를 강구한다. 권력을 쥐고 있는 무사의 녹봉은 낮게, 권력이 없는 무사의 녹봉은 높게 책정한 것이다.[11] 그러다보니 녹봉이 그다지 높지 않은 다누마는 뇌물로 허전한 지갑을 채운 꼴이 되었다. 뇌물에 관한 이 같은 역사가 있어서인지, 와이로[賄賂]라는 일본어도 우리의 귀에 낯익은 말이다.

마르셀 모스는 그의 『증여론』에서, 인간관계는 주고받는 것이라 했다. 돈을 줄 테니 그 대가를 내놓으라는 식의 증답은 부정한 반대급부를 막연하나마 기대하게 된다. 뇌물은 확정반대급부를 권력에 요구하는 것이라고 볼 수 있다. 위에서 무력과 권력으로 냉큼 손아귀에 넣는 것은 증답과는 별개의 원리이다. 권력은 세금을 징수하고, 권력의 수하들이 뇌물을 받아챙기기 시작하면 권력의 몫이 그만큼 줄어든다. 그래서 정부의 권력이 강한 나라일수록 뇌물수수는 불가능한 것이다.

「주신구라」의 발단은 모로노의 이루지 못한 색정에서 시작되지만, 아코 사건은 뇌물이 발단이다.[12] 경험이 많고 노련한 가신의 와이로 덕분에 한 사람은 목숨을 건졌지만, 또 한 사람은 기라에게 뇌물을 제대로 주지 않아 그 때문에 미움을 사 결국은 사고를 치고 만다. 뇌물로 한 사람(와카사노스케)은 살고 또 한 사람(아사노)은 죽었으니, 뇌물이 사람을 죽이고 살리는 형국이었다. 아코 사건은 뇌물수수행위는 해서는 안 된다는 것을 선전하기 위한 것이라는 설도 있다. 막부권력이 강력한 시기였기 때문에 뇌물금지를 강조했다는 것이다.

약한 자여, 그대 이름은 한간

47인의 낭인에 의한 습격은 겐로쿠의 태평성대를 뒤흔들어 놓는 대사건이었다. 정치도시이기도 했던 에도에서 일어난 사건들은 일본 전역으로 전해져 서민들의 화제거리가 되었다. 겐로쿠 시대의 조닌문화는 이하라 사이카쿠의(1682)를 비롯하여 히시카와 모로노부를 대표로 하는 우키요에(풍속화), 의복도 겐로쿠 고소데랑 후리소데 의상을 유젠 모양으로 색을 입히는 등, 가미카타를 중심으로 한 조닌의 경제력을 배경으로 대중적인 소비문화를 이룩했다. 이러한 문화적 분위기 속에서 인형극과 가부키는 서민들로부터 인기를 얻었고, 오사카 다케모토자 극장의 작가인 지카마쓰 몬자에몬은 봉건사회의 기리와 닌조의 모순에 고통스러워 하는 인생의 갈등을 그렸으며

아래의 왼쪽으로부터 반나이, 간페이, 오카루(제3막)와 위의 왼쪽에 감시관으로부터 할복을 명받는 한간(제4막)의 모습이 합성으로 그려져 있다.

그에 따른 동반자살의 결과는 관객의 마음을 아프게 하였다. 이 무렵의 가부키에는 가미키타에 와고토의 초대 사카타 도주로, 에도에 아라고토의 초대 이치카와 단주로와 같은 명배우가 등장하여 대단한 인기를 누리고 있었다.

아사노 나가노리[淺野長矩]는 주신구라의 세계에서 하쿠슈[伯州]의 성주 엔야 한간 타카사다[塩冶判官高貞]로 등장한다. 습격에 참가한 아코 낭인들 중에서도 실제로 나가노리에 대해서 심복하고 있던 사람은 그다지 없었다는 것을, 그들이 남긴 서간 등을 통해서 추측할 수 있다. 그는 고생을 모르고 자란 평범한 영주로서 짜증을 잘 내는 사람이었던 것 같지만 연극에서는 좋은 환경에서 자라 대범하고 까다롭지 않은 역할로 설정되어있고, 그 점에서 그가 고노 모로노에게 괴롭힘을 당할 때와 할복하는 장면 등에서 관객들로부터 동정의 눈물을 이끌어내게 된다. 서민들은 좋은 영주를 원했다. 가부키를 처음으로 하는 무대에서는 그 각본도, 연출도 그러한 서민의 요망에 호응해서 엔야 한간상을 길러 온 것이다. 구로한간 요시쓰네[九郎判官義経]의 비극을 불쌍히 여기고 엔야 한간의 비극에 동정을 보내는 서민의 마음은 '한간비이키'라고 하는 말을 새로 만들어냈다.13) 가부키에서 이 두 사람의 '한간'은 일맥상통하여 '한간배우'라고 할 정도의 배역을 만들어내는 데까지 이른 것이다.

3대 사와무라 소주로의 유라노스케로. 초대 도요쿠니[豊國]의 그림.

충실과는 동떨어진 오이시라는 인물의 인격은 지카마쓰 몬자에몬의 「고반 다이헤이키」에 의해서 만들어졌다. 오이시를 찬미해 마지않았던 당시의 서민의 목소리를 지가마쓰가 먼저 받아들여 반영시킨 것이다. 오이시의 풍채는 「오야카즈 시주시치혼(大矢數四十七本)」(1747)의 주인공인 오기시([大岸宮內], 유라노스케에 해당)를 연기해 크게 히트한 초대 사와무라 소주로[澤村宗十郎]가 결정지었다. 「주신구라」에서 유라노스케의 인형을 만든 명인 요시다[吉田文三郎]는 이 소주로의 연기를 본보기로 받아들여, 제7막의 찻집 장면에서는 소주로의 행동, 목소리까지 모방했다고 전해지고 있다. 그와 동시에 사람의 마음속 깊은 곳을 꿰뚫어 보는 뛰어난 지혜와 무사로서의 강한 의지를 갖춘 인물, 어떤 일에 대해서 침착하고 냉정하게 적절한 판단력을 가지고 마음이 넓은 큰 인물로서의 유라노스케가 만들어진 것도 「주신구라」

덕분이었다.

그 뒤, 대대로 유라노스케의 역할이 거듭된 연출의 고안으로 서민의 신뢰를 얻은, 극중인물로서의 유라노스케상이 성립되었다. 이러한 유라노스케상에 대대로 유명한 배우의 뛰어난 점을 더해 완성시킨 것이 오노에 기쿠고로[尾上菊五郞]였다.

또, 이러한 노력과 동시에 유라노스케라고 하는 역도 극단의 간판급 배우가 연기하는 역으로서 배우자신의 인격과 개성에까지 연결되고 있다. 실재했던 오이시라는 인물은 풍류를 즐길 줄 아는 인물이었지만, 후에는 충의를 강조한 나니와부시([浪花節], 샤미센 반주로 의리나 인정을 노래한 대중적인 창)적 인물상이 되어가고, 메이지부터 태평양전쟁 때에 걸친 시기에 무사도 정신과 야마토 정신[大和魂]의 고취 등에 관련되었던 불우한 시대도 있었다.

오이시 구라노스케의 본처가 낳은 아들에 오이시 지카라요시카네[大石主稅良金]가 있었다. 겐로쿠 원년에 태어나 겐로쿠 16년에 죽었으니, 그야말로 그는 겐로쿠라는 연호 그 자체를 살다간 젊은이였다. 실제로는 5척7촌의 장신이었지만, 무대에서는 오보시 리키야[大星力弥]라는 이름으로 친숙해졌고 앞머리를 하얗게 염색한 미소년으로 등장한다. 「주신구라」의 제7막에서는 성장용(盛裝用)인 후리소데를 입고 나온다. 다른 연극에서는 결혼하기도 하고 유녀와 사랑을 나누기도 하지만, 굳이 그렇게 역할을 분한 것은 어린 나이에 죽음을 각오하고 죽어간 젊은이들(백호대, 특공대 등)에 대한 일본 서민의 애석

한 마음의 표현이기도 할 것이다. 오보시 리키야와 엔야 한간은 모두 그 죽음을 애석하게 여기는 서민의 마음이 길러낸 비극의 인물이었다고 말해도 좋을 것이다. 햄릿이 자기 어머니 거트루드를 두고 한 "약한 자여, 그대 이름은 여자"라는 말이 아닌, "약한 자여, 그대 이름은 한간"이 탄생한 셈이다.

할복은 타살이다

에도 시대에 불상사를 일으킨 무사는 배를 갈라[切腹] 그에 대한 책임을 졌다. 무사에게 할복은 명예로운 자살의 수단이었다.

할복이 명예로운 것이었기 때문에 무사 집안에서 고용살이를 하는 농민이나 조닌도 자결할 때는 할복을 선택하는 경우가 많았다. 일본에서 처음으로 할복한 사람은 헤이안 시대(794~1192)의 대도(大盜) 하카마다레[袴垂]이다. 이 경우는 밀고자가 나타나 범인이 막다른 곳까지 추격당하자 끝내는 자결하고 만 것이다(988년). 문제는 어느 정도의 과실로 할복해야 했는지가 궁금하다. 작게는 영주의 밥상에 쥐똥이 들어가 식사당번을 한 고난도[小納戸]가 할복한 것부터 재정정책 수행이 잘 안 되어 그 담당자가 할복의 명을 언도받는다든지 책임의 경중도 다양하다. 중세 후기의 일본은 그야말로 군사적 잔인함이 활개치는 곳이었다. 통치자의 권위는 땅에 떨어지고, 일본 제후들은 손해 따위는 아랑곳하지 않고 전쟁을 계속했다. 지방에 있는 영주들은 저마다 가능하면 많은 땅을 차지하려고 치열하게 다투었다. 땅을 많이 지배하면 할수록 그만큼 세금을 많이 거둬들일 수 있기 때문이었다. 그 결과 일본 무사들의 폭력은 끝이 없었다. 패자들은 죽임을 당했고 승자들은 패자의 유산을 나눠 가졌다. 전 국토가 전쟁에 빠져 있고 일본 역사가들이 전국 시대라고 부르는 이 시대는, 한마디로 도처에 적대감이 가득 찬 시대였다. 절도 사병을 만들어 절 주변에서 전투를 했고, 도둑 떼는 이 같은 무질서를 틈타 노획을 일삼았다. 당시 혼자서 행동한 자들은 모두 패배했고, 무조건 제후나 가문을 위해서 아무 대가 없이 봉사하고 이들을 보호하려던 자들만 살아남았다. 이렇게 하여 복종과 신의는 일본사회 구조의 기초가 되었다.

그러나 할복은 정말이지 잔혹한 명예다. 스스로 자주적인 죽음의 형식을 취했다고는 하나 어디까지나 형벌의 한 형태이기 때문에, 인식의 차이가 있을지 모르겠지만 필자가 보기에 할복은 자살이 아니라 비열한 타살인 것이다. 물론 처벌의 형태가 아니라 본인 스스로 할복자살하는 경우도 많다. 그렇게 죽을 수 있는 자유가 본인에게는 있다고 생각하기 때문이지만, 이 또한 삶에 대한 자신감의 결여에서 오는 무미건조한 죽음이다. 이것 또한 과연 절체절명의 자결이라 할 수 있을까?

충성심에 불타 자살을 가장 많이 하는 민족은 일본이다. 사무라이들은 주인의 재산과 명예를 위해서라면 목숨을 바쳐 싸웠다. 사무라이들이 추구한 삶의 최고 목표는 자아수련과 충성이었다. 이들은 어릴 적부터 무사의 길[武士道]을 가기 위해 사무라이의 규범에 따라 책임감과 충성심을 기르는 교육을 받았다. 전투에 임한 사무라이는 목숨보다 신의를 더 중요하게 생각했고, 그들은 언제라도 주인을 위해서 목숨을 바칠 준비가 되어 있어야 했다. 이미 죽은 목숨인 양 봉사하고 살아야 했던 것이다. 이 때문에 일본의 무사들은 수년간의 명상을 통해 삶과 죽음이 동일하다는 인식을 갖게 되었다. 죽음의 공포를 극복한 자들에게는 당연히 두려울 게 아무것도 없었다. 역사적으로 가장 유명한 자살이야기 중의 하나가 바로 47인의 무사 이야기이다.

아사노는 쇼군의 관저에서 열리는 축하연회에 의전담당 자격으로 참석해야 했기 때문에 예법을 미리 배우기 위해 최고 책임자 기라를 예방하였다. 그러나 아사노는 뇌물을 들고 가지 않았고, 그 일로 아사노는 괘씸죄에 걸리고 만다. 어느 날 도성에서 열린 회의에서 아사노는 심한 모욕을 받는다. 이에 화가 치민 그는 성안의 복도에서 기라를 급습한다. 무사로서는 해서는 안 될 행동을 취했기 때문에 그 일로 아사노는 할복의 명을 받는다.

이 사건을 바탕으로 극화한 「주신구라」에서는, 아랫사람의

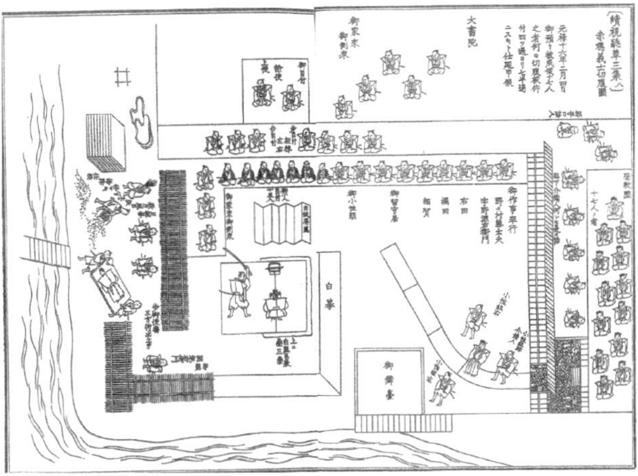

호소카와가[細川家]에 맡겨진 아코 낭인들의 할복.

부인에게 수작을 부려봤지만 일이 뜻대로 되지 않자 그 화풀이를 남편에게 해대는 통에 결국은 엔야 한간이 성안에서 사고를 치고 할복하게 되는 장면에 해당한다. 명예와 충성을 중시하는 무사의 전통에 따르면 한간의 추종세력인 47인의 무사들도 함께 당장 할복해야만 했다. 그러나 충성심이 아주 강했던 그들은 주군을 잃은 모멸감에 '이 원한은 반드시 갚아야 한다'고 생각했다. 47인의 무사들 중 특히 유라노스케는 모로노의 경계심을 늦추기 위해 유곽에서 방탕한 생활을 하는 척하기도 했다. 시간이 흐르고 경계심이 풀어진 때를 맞춰 47인의 무사들은 모로노의 집을 급습해 모로노를 죽였고, 그들은 그 벌로 할복했다.

사무라이들은 그들의 인생관을 상징하는 것으로 벚꽃을 골

랐다. 오이겐 헤리겔(Eugen Herrigel)은 『활쏘기 기술에서의 좌선 Zen in der kunst des Bogenschiepens』에서 이렇게 썼다. "벚꽃 잎들이 아침 햇살을 받으며 대지 위에 사뿐히 떨어지듯 두려움이 없는 자들은 소리 없이, 내면에서 아무런 동요도 없이 존재의 사슬에서 해방될 수 있다." 싸움에 진 사무라이에게 자살은 가장 고귀한 의무였다. 할복을 통해 사무라이들은 비록 적의 승리를 되돌릴 수는 없다 하더라도, 적이 자신을 고문하고 유린함으로써 승리를 축하할 수 있는 가능성은 원천봉쇄할 수 있다고 믿었다. 그들은 그렇게 상대의 승리를 비웃으며 유유히 죽어갔다.

할복자살할 때 무사들은 맨 먼저 자신의 칼에 몸을 던졌다. 이 때 중요한 사항은 복부에 치명적인 상처를 내는 것이었다. 복부는 중세 일본인들의 도덕규범에서 진실이 자리잡고 있는 곳이었기 때문이다. 그들은 입은 거짓말을 할 수 있고 얼굴은 사회적인 예의를 표할 수 있지만, 복부는 삶의 원초적인 힘과 진실을 담고 있다고 믿었다.

사무라이들은 할복을 죽음의 비장한 의식으로 발전시켰다. 그들은 다루기 불편했던 긴 칼 대신 30센티미터 정도의 단도 와키자시를 택했다. 자살을 결심한 사무라이는 싸움이 벌어지는 진영 뒤쪽으로 물러서서 몇 분 동안 명상에 잠겼다가 불교의 고향인 인도가 있는 서쪽을 향해 얼굴을 돌렸다. 그리고는 왼쪽 가슴 아랫부분에 칼을 대고 단번에 등까지 뚫고 들어갈 수 있도록 힘껏 찔렀다. 어떤 무사들은 이렇게 한 뒤에 상처를 세 번 더 내고는 칼을 뽑아 피를 옷소매에 닦았다. 또 어떤 무사들은 우선 배를 왼쪽에서 오른쪽으로 가르고, 다음으로 위에서 밑으로 가르기도 했다. 그래도 힘이 남아 있는 자들은 배에서 내장을 꺼내 적들이 보는 앞에서 흔들어대기까지 했다. 무사들은 그 자리에서 곧바로 죽지 않았다.[14] 그들은 처음부터 사투가 오래 지속될 수 있도록 기술적으로 상처를 냈다. 프랑스의 일본학자 모리스 팡게는 "이보다 더 끈질기고 무익한 자살 과정은 상상할 수 없다"고 했다.

17세기 초에 세 명의 독재 군주 오다 노부나가, 도요토미 히데요시와 도쿠가와 이에야스[德川家康]가 나타나 일본 내전을 종식시켰다. 이들은 1633년, 1635년, 그리고 1639년에 각각 국가의 문을 굳게 걸어 잠그고 포르투갈이나 네덜란드 상인과 같은 서양세력이 국내로 들어오는 것을 막았다. 과거 전국을 휩쓸었던 혼란의 시대는 가고 바야흐로 경직된 분위기 속에서 냉전의 시대가 막을 연 것이다. 그와 함께 무사들이 자살할 계기도 사라졌지만 무사들의 자살은 일상에서 없어지지 않았다. 막부들은 전쟁을 위해 고안해낸 할복자살을 여전히 무사계급의 특권으로 인정해 주었다.

이 시기의 자살은 전쟁터가 아닌 삶의 영역에서 또 다른 의미를 지니게 되었다. 전쟁의 종식으로 무사들은 봉건영주를 위해 충성하는 무사로서의 위치를 잃게 되었다. 무사계급을 감독하고 그들의 충성심을 지속시키기 위해 이에야스 시대의 막부들은 매우 엄격한 통제체제를 정비했다. 전통적으로 극기

정신을 이어받은 사무라이들이 이를 위반할 경우 특별한 형벌로 다스리는 법을 만들었는데, 그것에는 헤이몬[閉門], 칩거(蟄居) 등의 네 가지 형벌이 있었다. 이는 각각 단순한 구금조처와 좀더 강도가 강한 구금, 아주 엄격한 칩거조처 그리고 마지막으로 무사신분을 평민으로 만들어버리는 형벌이었다.

벌을 받은 무사들은 속죄의식을 치렀다. 그들은 머리를 동여매고 푸른색 기모노를 입은 다음 유서를 썼다. 그런 뒤에 전통적인 방식에 따라 스스로 목숨을 끊었다. 무사들은 야외에서 자살하기도 했는데, 이럴 경우 나무 몇 그루사이에 휘장이나 병풍을 둘러쳐 경계를 만들었다. 이때 사용하는 재료들은 애도의 표시인 흰색이었고, 죄인의 더러운 피가 땅을 적시지 않도록 할복자살을 하는 자리와 그곳까지 이르는 길에 흰색 돗자리를 깔아두었다.

근대 초기에 무사들은 일본사회의 그 어떤 계급보다도 엄격한 벌을 받았으나, 상인과 농부도 도쿠가와 이에야스 막부의 엄격한 통치에서 벗어날 수는 없었다. 형벌의 종류만 해도 기둥에 묶어두는 벌과 태형, 참수형, 화형, 십자가에 못 박는 형까지 다양했다. 1742년에는 길에서 사고를 내 사망자가 생기면 마차꾼의 목을 치는 형벌도 생겼다.

하지만 근대의 일본막부들은 신하들을 완벽하게 통제하지는 못했다. 무사들에게 자신의 성과 가문의 독특한 문장(紋章)을 사용할 수 있는 권리를 주는 것 외에 자살을 해도 된다는 독자적인 권리까지 줄 수는 없었던 것이다. 사회의 하류층에 속하는 사람들도 자살을 했다. 사랑의 결실을 맺지 못한 연인들은 주인이 죽으면 따라 죽었던 하인들처럼 스스로 목숨을 버렸다. 지진이나 기근 또는 전염병이 창궐하면 일본인들은 인간을 제물로 바쳐 재난을 막고자 했다. 그러면 많은 사람들이 제물로 희생되는 자들의 죽음을 사회에 명예롭게 봉사한 것으로 간주했다. 또한 오랫동안 비가 내리지 않아 논농사를 망칠 가능성이 있을 때면 물의 신에게 어린 소녀를 제물로 바치기도 했다. 15세기부터 이단인 요도의 신도들 중에는 더러운 세상의 때를 씻기 위해서 익사하는 사람들이 많았고, 다리나 댐 또는 성을 세울 때면 피를 보지 않고 죽으려는 자들이 건축물의 기초 벽에 자원하여 묻히기도 했다. 고고학자들은 17세기 도쿠가와 이에야스 막부시절에 세워졌던 에도성에서 사람의 뼈를 많이 발굴했다.[15)]

일본의 태평양전쟁 패전 이후, 수많은 장교와 사병들이 일본의 명예를 지킨다는 명분 하에 자살했다. 민간인들도 일왕에 대한 충성심을 지키기 위해 자살을 했는데, 자기 집에서 자살한 사람도 있고 길바닥에서 죽은 사람도 있다.

일본의 세계적인 작가 미시마 유키오[三島由紀夫]는 1970년 11월 25일에 할복자살을 거행함으로써 자국민과 민족정신이 투철한 타국에게도 강한 인상을 남겼다. 당시 그가 미쳤기 때문이라는 얘기도 있었지만 일본인들은 대개 그의 자살은 성스럽고 제의적이면서도 이타적인 행위라고까지 추켜세웠다. 그는 현실가치들을 거부했고 무사도로의 회귀를 원하였다. 일본의 전통적인 미덕인 명예, 충성, 용기, 일왕에 대한 헌신과 같은 덕목들로의 회귀를 소망했던 것이다. 현실에 대한 저항과 항의의 뜻 치고는 어마어마하게 큰일을 저지른 셈이다.

의리 지상주의

한국의 비극은 「심청전」처럼 노약한 부모가 살아계시는데도 운명의 장난으로 효도할 수 없는 자식을 중심으로 이야기가 전개되어 가는 것에 비해, 일본에서는 「주신구라」처럼 의리를 지키기 위해 부모를 버리거나 아내를 버리는 것으로써 비극이 고조된다. 혈연중심의 사회인 한국에서는 부모자식 간의 결속덕목인 효가 지상의 가치라면, 가문을 중시하는 봉건주의 사회인 일본에서는 주종의 결속덕목인 의리가 지상의 가치인 것이다. 그네들은 어버이가 죽고 자식이 죽는 마당에도 돌아보지 않고 주군을 위해 싸운다. 그것이 무사도이고 사무라이 정신인 것이다. 사람 중에 무사가 최고라고 할 때 "꽃은 사쿠라, 사람은 사무라이"라는 말을 하는데, 이것이 바로 「주신구라」 제10막에 나오는 말이다.

아사노는 할복으로 최후를 맞이하면서 칼부림의 상대인 기라가 아무런 처벌도 받지 않고 살아있는 것에 대해 아코의 가신들은 '편파(片落)', 즉 불공평한 것이라면서 이 상태를 그냥 내버려두면 그들의 '일신의 체면[一分]'이 서지 않는다고 주장했다. 칼부림의 원인이 무엇이었는가에 대해서 세상에는 여러 소문이 돌았는데, 아사노 자신이나 오이시를 비롯한 가신들은 그에 대한 한마디의 말도 없었다. 원인이 무엇이든 성안에서 칼을 뽑은 이상, 죽을 각오는 되어 있었지만 상대를 죽이지 못했던 것은 무사로서 불명예이며 '영주의 가신[家中]'이라는 공동조직의 일원으로서 주군과 연대관계에 있는 가신들의 명예도 상실됐던 것이다.

그 명예의 관념을 표상한 '일분(一分)' 속에는 단순한 사적인 개인으로서의 자기 자신이 아니라 무사로서의 사회적인 본분에 걸맞는 자기 자신, 즉 일종의 공적인 책임을 진 인격이라는 의미가 함축되어 있는 듯하고 그 명예를 회복하기 위해 오이시를 선봉으로 한 46인이 취한 행동은 시비를 불문하고 쌍방을 처벌하는 '훤화량성패(喧嘩兩成敗)'라는 공정한 원칙을 자신들의 힘으로 실현시킴으로써 도의를 재구축한다는 사회적 의의를 떠맡았던 것이다.

47인의 아코 낭인들의 진앙(陳梁)인 구라노스케는 복수계획을 목수 일에 비유하면서 동지(同志)를 설득했다. 요컨대, 토대를 튼튼히 하고 주의에 주의를 거듭하여 일을 결행하지 않으면 안 된다는 것이다. 그 유명한 미야모토 무사시[宮本武藏]

도 '병법(兵法)의 길, 목수에 비유하기'라고, 그의 『五輪書』에 적었다. 병법이란 건축과 같다는 뜻이다. 이것을 간단히 요약하면, "대장(大將)은 목수의 우두머리와 같아서 목재를 적재적소에 배분하는 것과 마찬가지로 병들을 배치시키고 영원토록 무너지지 않는 집을 짓기 위해 세심한 주의를 기울이는 것처럼 병들의 쓰임새를 분별하여 그를 상중하로 나눠 힘을 모아야 한다"는 것이다. 그런데, 구라노스케가 영향을 받은 것은 야마가 소코[山鹿素行]식의 병법이었다. 소코 사후(死後)의 일이지만, 그의 유배지였던 아코의 실직 낭인들이 복수사건을 일으켰다. 이것은 주군을 잃은 무사의 격정적인 복수사건은 아니었다. 무사들은 1년 남짓의 세월을 보내가며 그동안 사려 깊은 행동을 하여 그 목적을 달성했고, 게다가 그들의 행동을 '의'를 위한 행동으로 칭송했다. 이러한 아코 낭인들의 사상과 행동의 배경에는 야마가 소코의 병법과 무사도가 있었던 것이다. 무사들의 이러한 인내심 강한 행동과 "내가 비록 목숨을 부지하면서 적의 손아귀에 들어가도 목숨을 경솔히 여기지 말아야 한다. 나의 한때의 분노로 몸을 내버리고 창피하다고 생을 재촉해 그 죽음을 깨끗이 하여 한때 마음을 상쾌히 하려고 하는 것은 충신의 도가 아니다"(『山鹿語類』)라고 한 소코의 사고에는 일맥상통한 점이 있다고 볼 수 있다.

또, 야마가 식의 병법에서는 효과 있게 적을 공격하는 것을 '객전(客戰)'이라고 하는데, 이에 임하는 대장의 멀리 내다보는 마음가짐이 여러 가지로 설명되어 있다. 우선 적군의 동태는 물론이고 공격해 들어가는 도중의 산, 강, 논 등의 규모, 길의 원근, 요충지 등을 알아 놓지 않으면 졸병들은 불안하고 충분한 활동을 할 수 없다. 그래서 대장에게는 '모든 지형, 원근, 험한 정도, 넓고 좁음, 사생(死生)'에 관한 것을 고려해서 '지도를 갖고 비밀리에 모든 군들에게 주지시켜 놓는 것'(『武教全集』)이 필수로 되어 있다.

구라노스케가 첩자를 보내 기라의 관저를 정찰해서 집의 평면도를 자세히 그리게 했던 점, 그리고 목적을 달성하고 그 자리를 떠날 장소로 예정된 기라 관저 근처의 무연사(無緣寺)와 양국교(兩國橋) 사이의 거리는 어느 정도인지, 기라 관저 앞문에서부터 몇 걸음인지 소요시간은 어느 정도인지 실지 답사를 해서 면밀히 조사시킨 점 등은 객전(客戰) 대장의 첫 번째 마음자세를 실행했던 것이다.

그런데 흥미 있는 것은 영주 자신이 경솔히 행동하여 조상 대대로 이어온 집안의 명예와 토지와 재산을 몰수당하고 그로 인해 영주에게 의지해 살아온 가신 몇 백 명이 한꺼번에 떠돌이 신세가 되었음에도 불구하고 서민층의 반응이 한결같이 그 경솔한 행위를 오히려 체면을 유지하려 했던 무사다운 행위로 여겼던 점이다. 영주 아사노의 격분을 산 싸움상대인 기라만이 부도덕한 흉물로 규탄당하고 영주의 행위는 비판을 받지 않았던 것이다. 그리고 가신들이 복수를 하는 행위는 사형에 처하도록 국법으로 정해져 있는데도 그들은 이를 어기고 복수한 다음에 다시 법에 따라 할복을 하는 모순된 행동을 한다.

여기에서 아무리 흉악한 행위일지라도 그 결과를 의식하고 제재를 달게 받으면 무사답다고 하여 행위 자체마저도 미화시키는 일본인의 사상적 가치관을 엿볼 수 있다.[16]

겐로쿠 시대는 화려한 문화를 낳은 반면 이와 같은 사회모순이 클로즈업되어 무사도도 민심과 더불어 황폐화되어 사회 전반에 걸쳐 퇴폐적 분위기가 자욱했던 시기이기도 했다. 그렇기 때문에 아코 사건이 일어났던 것은 막부가 도리에 어긋난 행동이라는 것을 알면서도 이 사건을 의거로 꾸며 이처럼 무사도도 봉건질서도 다 살아있다고 천하만민에게 호소하여 무사의 존재가치를 재인식시키려고 했던 것이다.

겐로쿠문화라고 할 경우에는 으레 서민문화, 조닌의식, 조닌의 생활감정 등이 떠오르는데 그것과 체제적인 논리와 모럴이 어떻게 크로스되어 있는지 잠시 살펴보자. 물론 아무런 전제없이 체제논리나 서민문화를 언급하는 데는 무리가 있다. 그리고 유교의 체계적인 논리가 그대로 무사계급에 적용되어 있었는지도 의문이다. 다만 부단히 그러한 체계를 구축하려고 했던 것은 틀림없는 사실이고, 또한 지배의 통일된 논리로서의 당위성이 필요했던 것이다.

곧잘, 의리와 인정의 갈등구조에 대한 설명에 지카마쓰 몬자에몬의 드라마가 사용되곤 한다. 이러한 지카마쓰론을 처음 전개한 사람은 아마도 쓰보우치 쇼요[坪内逍遙]일 것이라고 한다.[17] 그는 의리를 외적인 도덕규범으로서의 구속, 그에 대한 인정을 인간자연의 정이라는 식으로 풀어나갔다. 이렇게 되자 지카마쓰 작품을 비평할 경우, 당대의 기리[義理]와 닌조[人情]와의 갈등을 재현한 것이라고 보는 것이 그 본질로 받아들여져 그 후에도 그 흐름은 계속 이어졌다. 그리고 이와 같은 논의전개가 결정되자 그것은 지카마쓰 작품에만 적용되는 것이 아니라, 그 밖의 에도 문학작품을 해독하는 데 있어서도 무척 유효한 독해장치라는 것이 많은 연구자와 평론가에 의해 인식되었다. 즉, 의리와 인정의 갈등론은 에도 시대의 문학 전반에 걸쳐 가장 기본적인 비평의 입장이 되었던 것이다.

우스갯소리를 하나 소개하겠다. 교통사고 얘기이다. 가해자와 피해자가 법정에 서게 됐다. 시시비비를 가릴 수 있는 사람은 가해자의 차에 타고 있던 유일한 제삼자인 나다. 가해자는 시속 70킬로미터의 주행구간에서 100킬로미터의 과속으로 달리다가 사고를 냈다. 그 가해자가 나와 아무런 관계가 없는 남이었을 때는 내가 한국인이건 일본인이건 미국인이건 가해자가 잘못했다고 증언할 것이다. 그런데 그 가해자가 나와 인정이 통하는 친지였을 때는 증언내용이 달라진다. 내가 한국인이라면 가해자의 잘못이 없다고 증언할 것이요, 그 가해자와 안면은 없지만 약하게나마 의리를 따질 수 있는 사이라면 한국인은 사람에 따라 가해자에게 불리한 증언도 하겠지만, 일본인은 여전히 가해자에게 유리한 증언을 할 것이다. 즉, 한국인은 인정에 약하고, 일본인은 의리에 약하다는 얘기다.

이하라 사이카쿠는 『武家義理物語』(1688)에서, 무가[武家]의 주종관계를 일종의 계약으로 보았다. 즉, 무사는 주인의 녹을 받아 생활하다가 만일의 비상사태가 발발하면 주인을 위해 목숨을 바치는 관계인 것이다. 따라서 사적인 일로 목숨을 함부로 다루어서는 안 되었으며, 그것이 무사의 본래의 도덕이라고 여겼다. 그런데 '의리(義理)는 격별(格別)하다'고 했고, 이때의 의리는 사적(私的)인 윤리를 말한다. 즉, 자신의 동료에 대한 의리와 같이, 녹을 매개로 한 주종관계가 아닌 자신과의 관계를 가리키는 것이다. 의리를 위해 죽는다든지 의리상 원수를 갚는다든지, 혹은 의리 때문에 할복한다는 행위는 본래 사적인 일이며, 주인을 모시고 있는 신분으로서는 자기 마음대로 행동하면 안 되는 것이다. 그럼에도 불구하고 사이카쿠는 "의리는 격별하다"는 언설을 늘어놓는다. 즉, 격별하다는 것은 그것이 또 다른 차원의 문제이기 때문에 의리의 의무, 부담으로부터 해방되어도 좋다는 것이다. 그렇게 되면 무사의 모럴을 언급할 경우, 무사가 의리를 중히 여겨 의(義)를 위해 목숨을 바쳐도 그 행위에 사적인 의리와 공적인 의리가 있다는 셈이 된다.

한편 조닌들은 봉건사회 속에서 자신들의 삶을 유지하기 위해서는 자기규제적인 모럴을 만들어야 했다. 그렇지 않고서는 체제 쪽으로부터 항상 당한다고 생각했을 것이다. 즉, 생의 방어수단으로서 작용했던 것이다.

여기서 「주신구라」에서 나타난 의리의 구체적 사상(事象)이 어떻게 재현되어 있는지 살펴보기로 한다. 이 드라마는 가부키의 기사회생 묘약(起死回生 妙藥)으로 명성을 떨치게 되어 그 후로는 사건과 픽션이 혼동될 정도로 아코 사건자체가 문학적이기까지 했다. 아코 사건을 국가적 견지에서 보면, 음모의 냄새가 다분한 습격을 가만히 보고만 있을 수는 없었다. 그것은 국가질서에 대한 의도적 모욕행위였기 때문이다. 부모나 형제 그리고 주인의 원수를 갚는 것은 평가를 받는다. 물론 그 경우에도 사전에 당국에 허가를 받아두는 것이 조건이다. 따라서 아코 낭인들의 원수갚기 행위보다도 그것을 숨긴 사실에 대해 처벌을 받아야 한다. 할복이 그 결과다. 혈서로 맹세한 다음부터 이러한 결론에 봉착하리라고 그들은 각오했고 막부 또한 그 정황을 알고 있었다.

일본의 분재(盆栽)가 숲을 대신하려고 하듯이, 이 축소모델인 「주신구라」는 전쟁 공포의 재현이기도 하다. 그러나 한편, 전쟁의 공포가 현실화될지도 모르는 불안감을 「주신구라」는 일소시키기도 했다. 즉, 정치 무대 위에서 재현되어 있을지 모르는 것이 정렬적 헌신, 비통한 상황, 악한 자에 대한 징벌 등과 같은 개인생활의 정경으로서 전개되어 그려져 있다. 매우 비극적인 내러티브의 최후에 선이 승리하고 국가의 평화는 가신들의 충의라고 하는 도덕적 요청과 결국은 화해한다. 이와 같은 화해가 성립된 데에는 할복의 제도화가 작용했다고 본다. 국가질서와 봉건적 명예가 교차하는 지점에서 의지적인 죽음은 할복이라는 이름 아래서 속죄와 지상 최고의 명예를 한꺼번에 획득하게 된다. 복수는 은혜와 진배없는 덕으로서 경의를 표했다. 자신들에게 악한 행동을 가한 자에 대해서도 선을 행한 자에 대한 것과 마찬가지로 공정하다는 것을 의리로 보여주었다.

먼저, 「주신구라」 제2막에서 의전담당 관리의 한사람으로 등장하는 와카사노스케가 일전에 최고책임자 모로노로부터 받은 모욕을 참지 못해 무사의 굳은 결심으로 기필코 내일은 처단하겠다고 벼르며, 그때 가신 가코가와 혼조에게 절대 말리지 말라고 주의를 준다. 평소 자신의 성질이 급하다는 것은 알고 있지만, 무사로서의 근성도 있고 제대로 행동하지 못하면 무사도의 수호신[弓矢神]에게도 면목이 없다고 한다. 이에 혼조는 맞장구를 치며 그 뜻을 이해하지만, 주인인 와카사노스케의 목숨과 가문을 위해 그 길로 당장 모로노 저택을 향해 말을 타고 달려간다. 가는 목적은, 와카사노스케와 모로노와의 충돌을 미연에 방지하기 위한 뇌물을 바치기 위해서이다.

곧이어 제3막에서, 혼조가 충의의 표시로 뇌물을 바치는 장면이 나오는데 그를 주판의 셈이 틀림없어 계획한 대로 꼭 실천에 옮기는 충의(忠義), 충신(忠臣), 충효(忠孝)의 인물로 그리고 있다. 혼조는 부하의 직분으로 주인에 대한 충의는 그야말로 충신다운 면모를 보이고 있지만 자기 자신을 부정(否定)하지 않고서는 의사(義士)의 무리에 들어가지 못한다고 하는 모순에 빠지고 만다. 인간의 숙명이라고 하는 것은, 인간을 모순된 존재로 만든다는 것을 극명하게 보여준 셈이다.

이와 같은 모습들은 작품에 등장하는 모든 남자들의 문맥에서 양의적(兩義的, ambiguous)으로 나타난다. 유라노스케도

단지 충의와 사려깊은 인물로 설정하면 극으로서 흥미를 유발시키지 못하므로 유곽에서의 방탕한 장면을 보이는 것이다. 따라서 그 모순을 풀어나가는 과정 속에 인물은 죽지 않을 수 없는 것이다. 실은 이 작품 전후의 지카마쓰의 작품에서도 의리(義理), 인정(人情)의 연애 드라마를 통해 잘 나타내고 있다. 즉, 작가는 의리와 인정의 굴레에서 인간의 아름다운 모습이 만들어 진다고 보았던 것이다. 모순의 얽매임없이 행복한 사람은 아름답지 않다는 것이다.[18)]

제8막에서 9막에 걸쳐서는 근친간 그리고 세간에 대한 의리(義理)가 내러티브의 근간을 이루고 있다. 가코가와의 딸 고나미는 어렵사리 오보시 리키야와 연분을 맺었지만, 제8막에서,

> 그 사랑도 막혀, 단지 약혼자라고 할 뿐이지 납폐의식도 치루지 않았기 때문에, 그대로 방치된 상태로 아무 진전도 없어 고나미는 그저 슬픔에 잠겨있을 수밖에 없었다. 어머니 도나세는 그러한 딸을 차마 보고 있을 수만 없어서 어떻게 해서든지 그 소망을 이루어 주고 싶어, 오로지 야마시나에 있는 사위 리키야만을 믿고 밀어붙여 혼담을 성사시키려고 하지만, 그저 약혼자라는 관계일 뿐이어서 세간의 의리상 결혼을 승락해 줄지 아니면 조심스레 거절할지

라고, 상상이 안 간다고 되어있다. 여기서의 의리는 사회적 책무인 것이다. 그런데, 제9막에 들어가서 도나세가 오이시(리키

야의 어머니)에게 혼담을 거절당하고 고나미의 마음을 추스리는 상황에서,

> 부모의 입장에서 두둔하고 편드는지 몰라도, 보통 수준이라고 할 수 없는 기량과 용모를 가진 네 딸한테 좋은 신랑감이 있었으면 해서 물색해 혼례의 약속을 한 리키야 도령을 일부러 여기까지 찾아왔건만 그 보람도 없이, 리키야 도령에게 알리지 않고 오이시 어른께서 혼인관계를 끊는다는 것은, 어떠한 사연이 있을지라도 그렇게 할 수 없으며 납득이 안 간다. 아, 그러고 보니 떠돌이 신세라 의지할 곳이 없게 되자 가문이 좋다는 것을 내세워 부유한 조닌의 신랑감이 되어, 의리도 법도도 잊었나보다.

라고 말한 것은, 세간(世間)의 의리라기보다는 개인과 개인의 도의적 입장을 의미하는 것이며, 더욱이 도나세가 “특히 너는 전처의 자식으로 내 수양딸이기 때문에 아무렇게나 대했다고 듣게 된다면 아무래도 살아갈 수 없는 이치”라고 한 것과, 오이시가 “양녀인 외동딸을 죽이려고까지 한 도나세 부인의 심정”이라고 도나세에게 말한 것은 법률상의 근친관계로부터 생긴 도덕적 의무라고 볼 수 있다.

또한, 제7막에서 헤이에몬이 여동생인 오카루에게 죽어달라고 부탁하는 상황에서 “도저히 피할 수 없는 것이 네 목숨이다. 그 이유는 충의에만 외곬으로 빠져있는 유라노스케 나

리가 간페이의 아내인지 몰라 기적에서 이름을 빼내줄 도리도 없다"고 한다. 이처럼 상황에 따라 혹은 상대방에 따라서 의리는 여러 의미로 쓰이고 있음을 알 수 있다.[19] 간페이는 오카루에게도 주군에게도 성실한 사무라이였다. 그런데, 그가 오카루에게 성실(인정)하려고 했던 사이에 주군에게 의리를 표할 기회를 놓치고, 오카루의 가족이 간페이의 충절이 이루어지도록 노력하자 그것이 오히려 간페이를 궁지로 몰고 가게 됐다. 가족에 대한 성실과 주군에 대한 충성이 양립되지 못했다. 두 가지의 충성이 다같이 성립되지 못한 입장에 몰린 것을 불운으로 생각하고 스스로 배를 가르고 만다.

주군에 대한 충성의 의리와 애인에 대한 사랑의 인정, 이 두 가지의 모순 때문에 할복했기에 그의 죽음은 의리와 인정의 충돌이 빚은 비극인 것이다.[20] 물론, 할복자살했다고 해서 문제가 해결된 것은 아니다. 그러나 적어도 할복에 의해 자신이 의리와 인정 그 어느 것도 배반하고 싶지 않았다는 의지를 확고하게 표명할 수 있었으며 양쪽 모두에게 용서를 빌 수 있었던 것이다.

일본의 서민들이 즐기는 의리와 인정의 비리는 여러 가지로 다른 인간관계 속에 놓여진 사람들이 어느 쪽이나 다 성의를 다하려고 노력하다 딜레마에 빠져 자기 자신에 벌을 가하여 성의만이라도 나타내려고 하는 이야기라고 요약할 수 있다. 무사적 모럴에서 보면, 효행보다도 충의가 우선한다고 하는 의(義)의 우선순위가 정해져 있기 때문에 진퇴양난에 부딪칠 리도 없겠지만 서민은 그렇게 생각하지 않는 것이다.

패러디 천국

「주신구라」의 세력 확장은 첫 번째로, 아코 사무라이가 기라 저택을 습격한 직후라 할 수 있는 1704~1716년(호에이 시대) 사이에 거의 동시에 이 사건을 다룬 가부키·조루리·우키요조시([浮世草子], 조닌의 인정 등을 묘사한 풍속소설) 등에서 확인할 수 있다. 우키요조시 중에는 니시자와 잇푸[西澤一風]의 『게에세이 부도자쿠라(傾城武道櫻)』(아코 낭인이 주군의 원수인 기라를 친 사건이 유녀가 애인의 원수를 갚는 이야기로 둔갑한 호색물)와 에지마 기세키[江島其磧]의 『게이세이 덴주가미코(けいせい伝授紙子)』(특히 인물설정과 구성 면에서 뒤에 나온 「주신구라」를 방불케 하는 작품으로 평가) 등이 대표작으로 남아 있다. 그 후, 쇼군 요시무네의 향보개혁(享保改革, 1716)

에 따른 출판통제로 잠시 문예계는 정체하지만, 다누마 오키쓰구의 정치 시대인 안에이[安永]부터 이번은 에도에서 계속 새 작품들이 출판된다. 이 같은 출판붐 속에서도 아코 사건은 제재로서 비상한 관심을 갖게 되며 기라성 같은 에도의 게사쿠 작가([戱作者], 주로 패러디 수법을 구사한 당시의 풍속문학작가)들은 다투어 작품에 창작하기에 이른다. 이 당시의 「주신구라」물들이 가지는 특징은, 호에이[宝永] 시대의 것이 아코 낭인의 습격사건을 밑바탕으로 스토리를 전개한 것에 대해 대부분의 게사쿠가 조루리·가부키 「주신구라」를 패러디한 점이다. 에도 게사쿠 중에서도 특히 기뵤시[黃表紙]는 글과 그림이 한데 어우러져 표현되기 때문에 조루리와 가부키 양쪽의 「주신구라」를 다양하게 그려내고 있다. 그 예가 기뵤시 그림텍스트 여백에 써넣은 글이 조루리 본문을 비틀어 놓은 것이라든지, 그림 속의 등장인물이 당시의 인기 가부키 배우의 초상화로 재현한 것 등이다. 안에이·덴메이[天明] 시대에 교카[狂歌]·센류[川柳] 등과 같은 골계문학의 창작정신과 같은 기반 위에 섰던 기뵤시는, 당대에 이미 고전화된 「주신구라」를 게사쿠 정신에 입각해 모든 채널을 동원해 철저히 비틀어 해체하여, 재구축된 새로운 주신구라의 지평을 열었던 것이다.

일본의 근대 산문문학은 그 계보가 에도 시대까지 거슬러 올라간다. 에도는 1800년까지 세계에서 인구가 가장 많았던 도시로, 거대한 관료체제와 서비스산업이 발달한 국가행정의 중심도시였다. 도쿠가와 막부의 인질정책과 함께 도시의 급속

한 팽창은 출신지역으로부터 벗어나 떠돌아다니는 유동인구를 양산해냈는데, 이로써 일본 전국을 관통하는 운송수단이 증가했고 세련된 교양이 모든 계급을 막론하고 퍼져나갔다. 출판계도 확장된 정보망에 의해 동 시대의 유럽과 견줄 만할 정도로 성장하였다. 에도 말기에 나타난 화폐경제와 부르주아 성장과 같은 징후들은 중앙봉건적 막부체제에도 불구하고 상업혁명을 일으키는 요소로 간주될 수 있다. 즉, 당시 에도 사람들의 생활 속에는 원시자본주의의 구성요소로 인식되는 여러 가지 다양한 징후들이 산재했던 것이다.

에도 시대의 원시자본주의적인 봉건제도는 그 문학적 형식을 가부키와 게사쿠에서 발견했다. 이로써 18세기 중엽까지 경제적으로나 문화적으로 교토 및 오사카 지방의 식민도시였던 에도에 마침내 고유의 문학이 꽃피게 된다.

에도 게사쿠는 18세기 중엽 이후에 에도에서 출판된 소설의 총칭이라 할 수 있다. 에도의 신흥 문예작가들은 대부분 지식인들로, 지배계급인 그들의 유교적 교양은 당연히 한시문의 세계에서 발휘될 만했지만, 체제의 틀 속에 고정된 신분사회에서는 그들의 교양이 쌓이면 쌓일수록 권태감이 더해갔다. 작가들은 그러한 심정을 게사쿠를 통해 세속을 외잡스럽게 그림으로써 표현했다. 세상의 살아가는 도리를 지키는 것을 제일로 하는 문학관을 가진 지식인들은 게사쿠의 존재의의를 위안거리로 두고 '유희(遊戱)의 문예'로 자리매김했다. 장르별로 살펴보면 단기본, 샤레본, 기뵤시와 간세이 개혁 이후 출판된

곳케이본[滑稽本], 닌조본[人情本], 고칸[合巻], 후기 요미혼[讀本] 등의 작품군이 있다.

18세기 중엽 이후의 작가들은 모두 기뵤시에 손을 댔다. 기뵤시의 대표적인 작가였던 고이카와 하루마치[戀川春町], 호세이도 기산지[朋誠堂喜三二], 시바 젠코[芝全交], 도라이 산나[唐來參和]는 물론이거니와 그림과 글에 모두 다 소질이 있어 기뵤시, 샤레본[洒落本], 요미혼의 그 어느 장르에서도 천부적인 재능을 발휘했던 산토 교덴[山東京傳], 기뵤시 작가로서는 별로 인기를 얻지 못했지만 새로운 후기 요미혼의 일류작가가 된 교쿠테이 바킨[曲亭馬琴], 그 후로 고칸과 곳케이본에서의 활약이 두드러진 시키테이 산바[式亭三馬]와 짓펜샤잇쿠[十返舍一九] 등이 당시의 게사쿠 문예계를 이끌어갔다. 이렇게 단기본[談義本]에서 고칸에 이르기까지 다양한 스펙트럼을 제시한 에도 게사쿠 작가는 샤레본을 통해서는 서민들의 문화공간이라고도 할 수 있는 요시와라[吉原] 유곽의 정경과 풍속을 사실적 수법에 의해 그려나갔다. 이는 유곽단편소설이라 할 수 있는데, 성욕에 탐닉한 지방무사, 어설픈 플레이보이, 순진한 총각 등의 행동거지를 철저히 폭로·조소하는 내용을 담고 있다.

간세이 개혁 이후 샤레본은 유곽의 손님과 유녀와의 사랑을 감상적으로 묘사, 19세기 초엽부터 나키혼[泣本]으로도 불려졌다. 이것은 놀이문화를 그린 것이 아니라 사랑을 그리게 됐으며 때로는 무대가 유곽에서 일반사회로까지 확대되는 경향을 보였기 때문에 개혁 전의 샤레본처럼 남성중심의 문학뿐만 아니라 가정의 부녀자까지도 읽을 수 있는 문학으로 변모해갔다. 한편, 전기적(傳奇的)이고 낭만적인 요미혼 중에 거리에 떠도는 항담가설(巷談街說)을 소재로 통속적인 독자를 대상으로 만든 작품이 있었는데, 이와 같은 요미혼과 말기의 샤레본이 손잡고 보다 많은 독자, 특히 여성 독자를 확보하기 위해 등장하게 된 것이 닌조본이다.

서민문화가 시민권을 얻은 에도 시대는 패러디의 시대라고 할 만큼 가부키, 게사쿠 등의 패러디가 성행하였다. 「이세 이야기(伊勢物語)」가 「니세 이야기(仁勢物語)」로 바뀌는 등 유사음을 이용한 이의어식 패러디는 에도 게사쿠의 기준으로 보면 함량미달이었다. 에도 게사쿠, 특히 기뵤시에서는 슈코[趣向]와 표현의 기량이 돋보인다. 다만 지식인들이 결국은 심심파적인 여기(余技)로서 만든 문예물이 게사쿠라고 할지라도 창작물인 이상에는 작가가 작품을 만들어갈 때 독자를 의식하지 않을 수 없었고, 그러다 보니 독자층의 변화에 따라 문학이념의 추이, 변화도 당연히 생기게 되었다.

시대가 변함에 따라 게사쿠에도 피지배급인 조닌 출신의 작가가 등장하는데, 지식인들의 문학이념을 창작과정을 통해 받아들인 게사쿠 작가의 주장이 소박하지만 근대의 문학이념과도 상통한다. 패러디로 통하는 게사쿠이지만 그러한 의미에서는 근대를 향한 연결고리를 확보한 셈이다.

게사쿠는 독자의 흥미를 끌 만한 소재를 재빠르게 취해 웃

음의 대상으로 만들기 때문에 시사적 성격이 강하다. 「시대세화이정고(時代世話二挺鼓)」는 당시의 마쓰다이라 사다노부[松平定信]라는 정치가의 정치개혁과 다누마 오키쓰구의 정권의 실각을 풍자한 작품인데, 이 두 사람을 후지와라노 히데사토[藤原秀鄕]와 다이라노 마사카도[平將門]라는 등장인물로 둔갑시켜 당국을 자극하지 않게 꾸몄다. 이야기는 히데사토가 마사카도를 처벌하기 위해 요리며 서예 등 모든 솜씨겨루기에서 승부를 겨눈다. 마사카도에게는 유명한 가게무샤[影武者]가 6명이 있어 7인분의 솜씨를 자랑하지만, 히데사토는 8인분의 솜씨를 부려 우세하다. 이에 초조한 마사카도는 여봐란 듯이 가게무샤의 존재를 과시하지만 히데사토는 여기서 팔각안경(八角眼鏡)을 꺼내 자신의 모습을 8명으로 불려, 마지막엔 히데사토가 마사카도를 처치한다는 내용이다. 이야기 속에 팔각안경이 등장한다는 것은 당시 많은 사람들이 팔각안경에 대해 이미 알고 있었다는 것을 뜻한다. 팔각안경은 한 사람을 다수의 인물로 분산시켜 보이게 하기 때문에 마사카도의 가게무샤와의 연상으로부터 마사카도 안경이라고도 하는데 이 시대에는 렌즈가 일반적으로 보급되기 시작했다. 또한 산토 교덴의 「인심경사회」라는 작품 속에는, 들여다보면 사람의 마음까지 꿰뚫어 볼 수 있다는 안경까지도 등장한다.

패러디의 본령은 전복이다. 패러디의 묘미는 원전의 내용과 표현양식이 반전과 전복을 일으키며 전혀 새로운 의미구조를 창출해내는 한판 뒤집기에 있는 것이다. 제목부터 기발하게도

가이분[廻文]으로 되어 있는 「기루나노네카라카네노나루키」라는 작품에서는 돈이 너무 많아 귀찮은 주인공이 회수불가능한 돈을 빌려주기도 하고, 유곽에 가서 유녀들을 몽땅 사보기도 하고 노름도 하는 등 어떻게든 돈을 없애버리려고 모든 수단을 강구해보지만, 다 실패로 끝나 돈에 파묻혀 살아간다고 하는 상식 밖의 이야기다. 이와 같은 상식을 벗어난 세계가 실은 현실을 제대로 꿰뚫은 것이었다는 점에서 게사쿠는 현실주의의 문예이기도 하다.

게사쿠는 패러디와 에피소드로 이루어져 있다. 나아가 그것은 형식적인 제약들의 수용과 이러한 제약에 저항하는 힘 사이에서 긴장관계를 이루고 있다. 한편으로는 전기의 형식을 빌려서 개인의 심리와 행동의 영역을 제한하려 하지만, 그 양식과 성격은 자유로운 구어체와 상투적인 어구, 또 풍자와 패러디에서 비극과 감상주의, 평범함과 환상을 자유롭게 넘나들면서 결과적으로 에피소드가 전체 내러티브로 구성되지는 않는다.

게사쿠는 외형상 강한 구어체로 구성되어 있기 때문에 성격표현과 사건묘사에는 적절하지 않다. 사이카쿠의 작품과 같은 에도 초기의 산문이 기나긴 내란을 종식시키고 성립한 도쿠가와 막부를 찬양한 것이라면 게사쿠는 질서의 종말을 예언하는 것처럼 보인다. 또 나아가 봉건적인 제약과 부르주아적인 자유 사이에서 겪는 갈등과 초조함을 나타내고 있는 듯하다. 종종 퇴폐적인 문학으로 취급되는 게사쿠는 비록 그 규모나 타 분야로의 파급효과는 그다지 크지 않다고 해도 저항과 비판의 문학이기는 하다. 이런 점에서 게사쿠 작가를 당대의 문명비평가로 파악할 수도 있다.

막부의 유학 장려정책의 결과, 많은 인재가 중국문화 연구에 힘썼으며, 이 가운데 오규 소라이[荻生徂徠] 등의 영향으로 백화(白話, 근대 중국의 구어)를 배워 백화소설(白話小說)를 번역하였고, 혹은 그것에서부터 소재를 얻어 게사쿠 작품활동에 임한 사람들도 나타났다. 그것은 물론 서민계급의 솜씨가 아니라 무사계급과 같은 신분을 지닌 지식인들이 남아도는 지식의 배출구를 찾다보니 그렇게 된 것이다.[21] 그렇지만 나중엔 에도 조닌출신의 전문 직업작가들이 등장하게 된다. 「주신구라」는 1767년(메이지4년), 1770년(메이지7년), 1772년(안에이원년), 1775년(안에이4년)에 상연이 없고, 1776년(안에이5년) 5월 5일 나카무라 극장에서의 상연 이후 매년 에도 3대 극장 중 어디엔가에서 반드시 관객들에게 주신구라가 건재하다는 것을 보여왔다. 그무렵 그와 같은 인기를 등에 업고 호세이도 기산지[朋誠堂喜三二]는 「기뵤시 아나데혼 쓰진구라(案內手本通人藏)」를 세상에 선보였다. 1779년(안에이8년)에는 고이카와 하루마치[戀川春町]와 콤비를 이루어 주신구라의 세계를, 글과 그림의 유기체인 기뵤시라는 희작(戱作)공간으로 끌어들여 주신구라에 새바람을 불러 일으켰다.[22] 주신구라의 칼부림 살해극은 「세상의 내정(世中の案內)」을 모르는, '멋모름[不通]'으로부터 일어났다고 희화한 것이다. 즉, 「주신구라」의 모든 등장인물이 인정이나 사물의 사정에 밝은 '통인(通人)'이라면 어떠했겠는가하고 가상(仮想)하여, 그렇게 되면 대궐 안에서의 칼부림 사건이나 한간의 할복도 일어나지 않고, 모로노, 사다쿠로, 반나이도 세상물정에 정통한 '통인'으로 등장해 한간으로부터 심한 꾸중을 듣는 오카루와 간페이의 심정을 두둔한다. 이 작품은 주신구라 이야기 전개를 그대로 밟아가면서 이미 잘 알려진 장면과 사건을 하나도 빠짐없이 원만히 해결하여 「주신구라」의 세계를 역전시킨 멋진 공중제비의 묘기를 보여준다. 일련의 희작(戯作)의 장치와 기능에 의해 본 테마의 표상이 변용되고 상징적인 모티프만이 남는 것이다. 이와 같은 다이내믹한 희작의 파급효과로 신화(神話) 「주신구라」는 새롭게 읽혀지는 것이다.

여기서 당시 패러디의 대부인 산토교덴이 요리한 주신구라를 감상해 보자.

「주신구라 즉석요리(忠臣藏即席料理)」(1794)는 「料理人山東京伝」이 기뵤시인 「不案配即席料理」(1784)에서 이미 사용한 취향을 다시 재탕한 작품으로 볼 수 있다. 즉, 「不案配即席料理」를 살펴보면, 「요시쓰네 센본자쿠라(義経千本櫻)」를 밑에 깔고 다카오[高尾]의 세가랑이 매달아 죽이기와 겐나이[源内]의 「根南志具佐」의 지옥·하동담(河童譚)을 섞어, 사쿠라다 지스케[櫻田治助]가 교덴에게 상의하여 지었다는 도미모토 가락 「新曲高尾懺悔」를 짜맞춰 여기에 이치카와 단주로[津鴨内]하며 방간오정(幇間五町)·만리(万里)·게이샤들을 요란

칼부림 사건을 일으킨 죄로 셋푸쿠[切腹]를 해야 할 장면이 싯포쿠요리를 한턱내는 한간의 모습으로 패러디되었다.

스럽게 등장시켜 시종 식단요리 형식으로 꾸며져 있다는 것을 알 수 있다. 이와 같은 요리형식의 취향은 곳케이본 「指面草」(1786)의 「造化卽席料理」로 이어져 마침내는 「주신구라」를 요리이야기로 꾸민 「주신구라 즉석요리」에 이르게 되는 셈이다.

다다요시 공은 진귀한 요리를 찾는다. 이에 엔야 한간과 와카사노스케가 요리사[料理番]로 등장하여 모로노(주방장)의 지시를 받게 된다. 여기서 한간은 새로운 메뉴[鮒鱠]로 멋들어지게 솜씨를 발휘하려고 하는데 모로노로부터 트집을 잡혀 그만 화를 참지 못하고 요리에 쓰이는 갈고리로 모로노의 이마에 상처를 입힌다. 본가[上屋敷]에 칩거 중인 한간의 마음을 달래려고 그의 부인[顔世御前]은 요리 쪽은 자신이 없지만 무를 깎아 목단을 만들고 홍당무로는 솜씨 좋게 매화꽃을 만들어 낸다.

한간은 칼부림사태[刃傷沙汰]가 실패로 끝나자, 연극에서 실수하면 그 당사자는 벌칙으로 분장실[樂屋]에서 메밀국수를 동료들에게 사다가 바치는 관례를 흉내내어, 자기부담으로([自腹を切って], 자신의 배를 갈라) 싯포쿠요리[卓袱料理][23]를 한

턱내는데 유라노스케만 늦어 대접을 받지 못한다. 물론 이 부분은 「주신구라」의 제4막을 견강부회한 것으로 이 장면이 상연될 때는 무척 엄숙한 분위기에 사로잡혀 숨을 죽이고 관람하는 것이 상례이다. 그런데 게사쿠에서는 그와 정반대로 야마나 시로자에몬[山名四郎左衛門]과 이시도 우마노조[石堂馬之丞]가 가위바위보[拳] 게임을 하러 나타난다거나 진수성찬의 요리를 다 먹어치우는 등의 역동적인 장면으로 둔갑되어 있다. 게사쿠 작가는 기존의 전통내용인 「주신구라」를 별도의 게사쿠 구조 속에 다시 짜넣었다. 고전적 의미를 다른 문구성과 그림배치로 재편함으로써 고전이 지향하는 통일성을 해체하고 적어도 그 통일성에 어떤 전위(轉位)를 가져다 준다. 기뵤시와 같은 게사쿠는 주로 취향의 신기함의 정도에 따라 작품 평가가 좌우됨으로, 늘 전통적 텍스트의 여러 시니피앙(signifiant)을 그 근거이며 근원인 시니피에(signifíe)의 지배로부터 떼어 놓는다.

요이치베[与市兵衛]로부터 접시를 뺏은 사다쿠로는 간페이 가게의 복국물을 훔쳐먹고 중독되어 목숨을 잃게 된다. 한편, 접시[南京皿]를 되찾은 간페이는 기뻐서 도미의 배를 손수 갈라 센자키 야고로[千崎弥五郎] 등에게 요리를 대접한다. 그리고 기헤이[義平]는 장어구이 전문점을 차리게 된다. 이렇게 해서 드디어 유라노스케는 46명의 요리명인들을 불러모아 모로노의 집에 처들어가 즉석요리 잔치를 벌려 후하게 대접하고 숙제를 완수한다.

원작에서의 사다쿠로는 간페이에게 총맞아 죽게 되는데, 이 장면은 복국물을 먹고 중독사하는 모습으로 패러디되어 있다. 복어의 속어를 총에 비유하기도 한다.

또 같은 해에 기뵤시 「충신장물(忠臣藏物)」인 「충신장전세막무(忠臣藏前世幕無)」가 간행됐는데, 양쪽의 그림짜깁기에 유사점이 발견되기도 하고, 특히 한간이 생돈을 무는[自腹を切る] 취향은 무척 흡사하다. 어느 쪽이 선행작품인지 지금으로서는 확실하지 않지만, 재탕할 만큼 교덴에게는 애착이 가는 수법이었다는 것을 알 수 있는 대목이다. 이처럼 철두철미하게 요리이야기로 꾸며 또 하나의 새로운 「주신구라」를 탄생시킨 셈이 된다.

대단원은 가부키의 챠리바[茶利場]라고 하는 익살스러운 장면을 연상시킨다. 아군도 적군도 없는 카니발적인 대소동이다. 등장인물들은 모두 적극적인 마쓰리[祭]의 참가자 자격으로 그의 성찬을 향유하고 있는 것이다. 이와 같은 움직임은 일상

유라노스케 일행이 모로노의 목을 노리기는커녕 한간 집안의 요리가 입에 맞느냐고 물어보자 이에 모로노는 배가 불러 죽을 지경이라며 기뵤시의 끝부분답게 화기애애한 분위기 속에서 작품을 마무리한다.

의 궤도를 벗어나 체제를 뒤집는 게사쿠 작가의 지적 유희의 장치이기도 한 것이다.

지리멸렬한 혼돈의 감각, 또는 붕괴의 감각을 즐기는 것은 당시 도시서민[江戸町人]들의 문예적 놀이라고 볼 수 있겠다. 에도문예를 낳은 조닌들은 이 신분이 외면적으로는 계급제도의 압박 하에 무사계급의 구속을 받아 노예 취급을 받았기 때문에 국가에 대해선 아무런 권리도 없었으며, 따라서 어떤 의무감도 느끼지 않았다. 도시상공업자인 그들은 다만 자신들의 이익과 행복을 추구하며 오로지 자신의 생활을 향유하는 데에만 눈을 돌렸던 것이다. 이와 같은 현상은 정치 따위에 무관심한 현대 일본의 샐러리맨들의 모습과도 너무 흡사하다.

상식이 얼핏 보기엔 난센스로 도착되어 있지만, 그 표상된 게사쿠의 틀 안에는 '지(知)'의 하이센스가 알알이 들어차 있음을 알 수 있다. 그러한 지적 유희를, 질 높은 문화적 분위기 속에서 서로 활성화시켜가면서 확대재생산하는 공동체적 인간관계가 조닌사회 안에서 형성되었던 것이다.

게사쿠 문예가 보여주는 희롱적인 궤변은 포스트모더니즘의 잠재적인 특질을 담고 있다. 만화를 가볍게 즐기면서 성장한 세대가 문화미디어로 고정 확대되면서 게사쿠, 특히 기뵤시라는 문화미디어는 현대에 이르러 예술적, 문화적 가치를 새롭게 평가받는 객관적 단계에 돌입하게 되었다.

주신구라 문화의 역동성

무사들을 속박했던 가장 큰 굴레는 주종관계의 의식이었을 것이다. 무사히 살아가기 위해 또한 입신출세를 위해서라도 가장 중요한 것은 자기의 주군에 대한 충성이다. 한사람 한사람의 집합체에 대한 특수한 결집은 배를 갈라서라도 그 집단의 우두머리를 모셔야 하는 충성으로 상징된다. 싸움에서의 승리가 관군으로서 영주의 지위와 그에 따르는 영지를 차지할 수 있게 하는 힘이라는 것을 알고 있기 때문이다. 패배할 경우 역적의 신세로 전락, 살아갈 길이 막막하기 때문에 목숨까지 바쳐가며 싸우는 무사들의 모습이 미의식으로 꾸며져 문학작품 등으로 재현되는 것이다.

18세기 초에 일어났던 이 하나의 사회적 사건은 일본적 행동양식의 전형으로서 연극, 소설(게사쿠), 시(센류, 교카), 우키요에 등과 같은 일반 서민문화에 의해 널리 수용되어 오늘날 민족적 정체성의 기초가 된 서사시로 정착되었던 것이다. 오늘날에도, 47인의 사무라이 신화는 그에 착상을 얻어 만들어진 많은 연극과 일련의 영화와 텔레비전드라마 등의 인기에서도 그렇고, 센가쿠지 절에서 거행되는 의사축제[義士祭]에서 영웅으로서 예배의 대상이 되는 것을 보더라도 과거 몇 백 년에 걸친 일본인의 정체성의 하나임을 여실히 보여주고 있다.

물론, 47인의 복수담과 태평양전쟁의 가미카제[神風]를 연속적으로 결부시켜 일본의 문화적 아이덴티티로 정의하기는 좀 성급한 생각이 든다. 아코 낭인들의 신화는 여러 가지 측면에서 읽어낼 수 있다. 그리고 이 사건의 문화적 이해는 그로부터 착상을 얻은 가부키의 모든 작품에서 알 수 있듯이 시대흐름에 따라 다르며 그러한 의미에서 일본문화의 다양성을 보여주기도 한다. 따라서 일본문화를 사무라이의 전통, 즉 무사도 쪽으로만 결부시켜 찾으려고 하는 것은 잘못이다. 즉, 무사도가 유일의 행동 패러다임 혹은 이상은 아니었던 것이다.

1748년에 쓰여진 「주신구라」는 극장의 영약(靈藥)이라고 해도 좋을 만큼 이후로 이 연극제목이 포스터에 붙기만 하면 그 극장은 만원사례로 대성공을 거둔다. 그런데 「주신구라」에서부터 1852년에 등장한 「東海道四谷怪談」에 이르는 약 100년 동안에는 47인의 무사들의 이야기에 의미의 차이가 생긴 것을 간파할 수 있는데, 이는 시대의 변화와 함께 조형적 이미지가 바뀌어 갔다는 것을 의미한다.

「주신구라」는 당초 모욕을 당한 젊은 영주의 가신들에 의한 복수극이다. 또한 이 연극은 모델이 되어있는 현실의 사건과 너무 흡사해서 역사의 진실이 허구의 드라마와 혼동되어 버리기도 한다. 「주신구라」에서는 아마도 충성스런 가신들의 고결한 성격을 강조하기 위해 두 명의 배신자 가신이 등장하지만, 「東海道四谷怪談」은 이야기 전체가 봉건적 충의에 개의치 않고 개인의 운명 속에서 구원을 찾고자 하는 떠돌이 무사 이에몬[伊右衛門]을 주인공으로 내세우고 있다. 「주신구라」에서 알 수 있듯이 47인 사무라이의 서사시에는 '정말로 봉건적 충성심을 드러내놓고 옹호했던 것일까?'하는 근원적인 애매함이 있었다. 여하튼 패전 직후 미점령군은 일본인들이 그렇게 생각하고 자국을 욕보인 맥아더 장군에게 복수하려는 마음을 먹고 있는 것이 아닌지 우려해 이 연극 외에 수편의 상연을 금지시켰다.

주신구라 이야기는 에도 시대라고 하는 대중적이고 도시적인 문화의 맥락 속에서 전개되었다. 그것은 경제력은 있지만, 사회적 계급제도에 의해 정치권력으로부터 배제된 최하위에 놓여있는 조닌의 문화이다. 인쇄업자가 늘어나고 책이 보급되었다. 그리고 문학과 연극이 서민의 오락물이 되었다. 그렇기 때문에 당국의 감사에도 불구하고 이러한 조닌문화는 사무라이들을 에둘러 말하는 완곡한 표현으로 야유했던 것이다.

확실히 가부키는 조닌의 취향과 가치관을 가장 잘 나타내는 예술이었다. 이 연극은 암묵 속에 반체제의 힘이 되었다. 어떠한 예술도 이렇게까지 에도 시대의 사회, 도덕, 도리를 이야깃거리로 한 것이 없었다. 유교적 인간관계에서 이만큼 파괴적인 것은 없었다. 가부키와 당국과의 사이에 늘 끊임없는 충돌이 있을 때마다 당국은 여러 가지 제한으로 가부키의 숨을 조이려고 했다. 하지만 유곽과 같이 불가피한 사회의 병적 존재로 간주하고 금지시키지는 않았다. 유곽을 폐지하면 범죄가 오히려 증가하고 또한 서민들로부터 외면받아 에도가 삭막한 도시로 전락하지는 아닐까 우려했을 것이다. 그래서 에도 사회로부터 떨어진 곳에서 활동할 수 있게 따로 떼어놓았다. 요시와라 유곽과 가부키는 이렇게 해서 아쿠쇼[惡所]라는 제도권 밖의 공간이 되었다. 공인된 사회에서는 상상적 세계를 지배하는 가치는 받아들이지 않았다.

근대 이후에도 변함없이 인기를 모아 지금도 연말이 되면 일본의 어디에선가 「주신구라」 관련 이벤트로 북적댄다. 최근에는 시마다 마사히코가 대본을, 사에구사 시게아키[三枝成彰]가 작곡을 맡아 오페라로 상연된 적도 있다. 이렇듯 현재도 「주신구라」는 그 자체가 문화현상이고, 각 문화장르를 통해서 다채로운 「주신구라」가 쏟아져나오고 있다.

「주신구라」가 일본문화사에서 거대한 존재임을 재인식시켜주는 에도문화가 있다. 우키요에[浮世繪], 패러디 그림, 그림달력, 그림액자, 그림이야기책, 야담, 라쿠고[落語]·재담, 신문, 연예프로그램, 주사위놀이, 딱지그림, 종이접기 등이 그것이다. 다시 말해 「주신구라」는 이와 같은 에도 서민문화에 지대한 영향을 주었던 것이다. 유명한 우키요에 화가로서 「주신구라」를 그리지 않았던 사람은 아마 없을 것이다.

가부키 주신구라의 주사위놀이판.

우키요에 그림은 우리에게는 낯설지만, 19세기 중엽 파리의 화단을 한때 풍미한 일본의 풍속화로서 유럽 인상파 미술의 원류라고도 할 수 있다. 이처럼 유럽 예술계에 큰 영향을 끼친 우키요에가 알려진 것은 무척 우연한 계기였다. 1856년 화가이자 판화가인 프랑스의 브라크몽(Félix Bracquemond, 1833~1914)이 일본으로부터 도착한 도자기의 포장지로 사용된 '호쿠사이 만가[北齋漫畵]'를 보고는 놀라 친구인 마네(Edouard Manet, 1832~1883)와 드가(Edger Degas, 1834~1917)에게 보임으로써 알려지기 시작한 것이다. 또한 1867년 파리에서 열린 제2회 만국박람회장에서 어느 특산품가게의 주인이 포장지로 사용했던 우키요에 판화가 인쇄된 종이를 버리려는 순간, 마침 이곳을 방문했던 화가 모네가 이를 발견하고는 모두 사들였다는 얘기도 전해진다. 일본의 우키요에 그림에 관심을 가졌던 초기의 인상파 화가들은 가쓰시카 호쿠사이([葛飾北齋], 1760~1849)나 우타가와 히로시게[歌川廣重] 등의 풍경화로부터 적지 않은 영향을 받았고, 나중에는 기타가와 우타마로([喜多川歌磨], 1753~1806)와 도슈사이 샤라쿠([東州齊寫樂], 생몰년미상) 등의 작품에까지 관심을 기울이게 된다.[24] 무엇보다 색채의 신선함은 인상파 화가들에게 크나큰 충격을 주었고, 우키요에에 대한 관심은 점차 확대되어 대량의 작품이 프랑스의 화상들에 의해 수집되었다고 한다.

에도 시대에는 정치적인 안정과 상공업의 발달을 배경으로 조닌이라는 새로운 사회계급이 급부상했다. 이들은 신분제도의 제한과 경제적 지위 향상이라고 하는 불균형 속에서 나타난 갈등과 인간본연의 호색적인 욕구를 마음껏 해소하면서, 지배계급인 무사와는 달리 서민적이고 쾌락적인 색채가 짙은 독특한 문화를 추구했다. 새롭게 탄생한 문화의 주역은 말할 것도 없이 경제력이 있는 조닌과 그들에 순응하는 화류계 여성들이었다. 이와 같은 조닌들의 생활풍속과 인정을 그린 것이 우키요에인 것이다. 우키요에는 에도 시대에 만연한 호색적인 경향과 세속적인 광경을 화려한 색채로 표현한 풍속화로, 당시 서민들이 향락을 즐기던 유곽(遊郭)과 새로운 유행의 주역이었던 화류계 여성이나 가부키 배우를 대상으로 한 것이 많다. 강렬한 일본적 색채와 분위기를 가진 우키요에는 서민의 통속적인 사고가 선명하게 표출되어 다른 어느 나라의 미술에서도 볼 수 없는 묘한 매력을 발산하는 독특한 미술형식이 되었다.[25]

화재(畫材)를 현실에서 취한 우키요에는 정경은 물론 인물의 복장과 머리모양까지도 섬세하게 표현하여, 이를 통해 에도 문화의 중요한 부분을 차지하는 화류계 여성의 생활을 엿볼 수 있다. 여러 계층의 남성을 상대로 하는 화류계의 여성 중에는 여성적인 몸가짐, 예절, 무용, 음악 등의 다양한 교양과 예능을 겸비한 게이샤[藝者]가 있다. 즉, 게이샤는 남성과 함께 세상 이야기라든가 예술 등에 관한 이야기를 자유롭게 나눌 수 있는 상대라고 할 수 있다. 그들은 교양과 풍부한 재치로 남성들에게 즐거움을 제공하는 존재이자 정신적 공감을 가질 수 있는 친구로, 단순히 몸을 파는 접대부의 차원을 넘어 일본 고유의 전통 고수 및 전승에 기여했다. 이러한 면에서 화류계는 공적인 사교수단뿐 아니라 교육의 장소로도 활용되었다. 게이샤는 저명한 사람들과 자유롭게 왕래하면서 오늘날의 매스미디어와도 같은 역할을 담당했던 것이다.

뛰어난 지식과 기예를 지닌 게이샤의 스타일은 '이키[粹]'로 대표된다. 이키는 기질, 모습, 색채, 무늬 등이 세련되고 멋진 것을 의미하는데, 한마디로 에도 시대의 미적 감각이라고 할 수 있다. 우키요에에서 보여지듯 가는 얼굴, 얇은 옷을 걸친 모습, 날씬한 허리, 옅은 화장, 고혹적인 곁눈질, 미소, 맨발 등의 모습과 기하학적인 도형, 줄무늬, 그리고 회색, 갈색, 청색 계통에 속하는 색채가 이키를 대표한다.

예술작품은 그 시대 사회상의 일면 또는 전부를 반영한다고 해도 과언이 아닐 것이다. 하지만 주로 유곽의 정경을 다루었으며, 말초적인 묘사로 퇴폐적인 분위기를 띠고 있기 때문에 우키요에를 춘화(春畵)라고 생각하는 사람도 더러 있다. 18세기에 조선통신사로 일본에 다녀온 신유한(申維翰)이 "금수와 같을 정도로 남녀 간의 풍기가 문란하고, 사람마다 춘화를 몸에 지니고 있다"고 기록한 바, 성리학적 교양이 몸에 밴 조선 유학자의 눈에 우키요에의 존재를 통한 에도의 문화가 어떻게 비쳤을지 짐작이 가고도 남는 일이다.

연극그림의 제재로서 무대에 등장한 배우들의 모습과 무대를 그린 작품의 수는 엄청나다. 그 중 「주신구라」는 화가들이 애용한 연극이었다.

초대 우타가와 도요쿠니는 니시키에([錦繪], 다색판화)의 전성기에 활약한 한 사람이다. 출세작은 1794년부터 8년에 걸쳐 작업한 「배우의 무대맵시 그림(役者舞臺之姿繪)」이었다. 이 가운데 1794년 9월과 1795년 5월에 가와라사키좌[河原崎座]에서 상연된 「주신구라」에서 9점, 1796년 4월 기리좌[桐座]에서 상연된 「주신구라」의 개작인 「江戸華赤穗塩竈」에서 2점 등 모두 11점을 그렸다.

시대의 표상

겐로쿠 시대의 3대 문호 사이카쿠[西鶴], 바쇼[芭蕉], 지카마쓰[近松] 중에서 아코 사건을 듣고 작품화한 것은 지카마쓰 몬자에몬뿐이었고, 다른 두 사람은 사건 당시 이미 고인의 몸이었다(사이카쿠는 1693년에, 바쇼는 1694년에 사망하였다).

아코 사건을 처음으로 무대에 올린 사람은 역시 지카마쓰였다. 1703년에 상연된 「게이세이 미쓰노구루마(傾城三の車)」가 그것이다. 이 작품 이전에 「히가시야마 에이가부타이(東山榮華舞台)」와 「아케보노 소가요우치(曙曾我夜討)」라는 작품을 들 수도 있겠지만, 이 작품들이 누군가에 의해서 상연되었다는 것도, 또 그 내용을 명확하게 하는 자료도 현재에 이르기까지 확인된 바가 없다. 게다가 지카마쓰는 1710년(호에이7년)에 「겐코법사 모노미구루마」에서도 아코 사건을 소재로 「다이헤이키」의 세계로 각색하여 주신구라 전작의 세계를 그리고 있다.

이 1710년이라는 시기의 가미가타([上方], 교토, 오사카 지방)에서는 소위 「주신구라」붐이 일어나고 있었다. 발단이 된 것은 아즈마 산하치[吾妻三八]의 「오니카게 무사시아부미」였는데, 이것은 6월 10일부터 9월 11일까지 90일간의 롱런 흥행을 한 작품이다. 아즈마 산하치에 자극을 받아 이 해는 연이어서 아코 사건과 관련된 수많은 작품들(기시모노, 義士物)이 쏟아져 나와 가미카타의 극장은 기시모노에 열광하였고, 이 해는 아코 사건에 관련된 문예물로 물든 한 해가 되었다. 지카마쓰의 「고반 다이헤이키」는 그 중 한 편으로, 전작인 『겐코법사 모노미구루마』의 속편으로서 쓰여진 것이다. 이 작품에 서는 처음으로 오보시 유라노스케, 리키야[力弥], 데라오카 헤이에몬[寺岡平右衛門]을 등장시켜, 실록과는 차별되는 극중인물들이 등장했다.

또한 「주신 고가네노탄자쿠(忠臣金短册)」를 시작으로 많은 의사물(義士物)극이 상연되었는데, 「오야카즈 욘주나나혼(大矢數四十七本)」에서 호평을 받은 초대 사와무라 소주로[澤村宗十郎]의 명연기는 훗날 「주신구라」 태동의 견인차 역할을 하였다.

1748년(寬延 원년) 8월 14일에 드디어 「가나데혼 주신구라」의 첫 공연이 열렸다.26) 상영된 오사카의 다케모토자의 극장 안은 4개월 동안 입추의 여지가 없이 초만원을 기록했다. 그 호평을 본 오사카, 교토, 에도의 3도(三都)의 가부키는 경쟁적으로 같은 작품을 무대에 올렸다. 이로써 두 번째의 「주신구라」 붐이 도래한 것이다.

오사카	아라시 산고로자[嵐三五郎座] 1748년 12월 1일부터 유라노스케 분은 아라시 산주로[嵐三十郎]
교토	나카무라 마쓰헤이자[中村松兵衛座] 1749년 3월 15일부터 유라노스케 분은 나카무라 주조[中村十藏]
에도	1749년, 3대 극장[三座]이 잇달아 「가나데혼 주신구라」를 무대에 올린다. ☆모리타자[森田座] 2월 6일부터 유라노스케는 야마모토 교시로[山本京四郎] ☆이치무라자[市村座] 5월 5일부터 유라노스케는 초대 반도 히코사부로[坂東彦三朗] ☆나카무라자[中村座] 6월 16일부터 유라노스케는 초대 사와무라 소주로[澤村宗十郎] (당시는 3대인 澤村長十郎)

특히 에도에서는 1749년 거의 1년 가까이 항상 「가나데혼 주신구라」로 3대 극장 모두 호평을 얻어 이 작품의 평가를 결정짓게 된다.

그러나 아코 낭인 복수극의 발단이 됐던 아코영주 아사노 다쿠미노카미의 할복 직후부터 「주신구라」 이전은 탄압의 시대로 볼 수 있다. 1699년(元祿12년)에 막부는 실제 사건을 모델로 한 연극 등의 상연을 금지했다. 아코 사건은 많은 사람들의 동정과 공감을 얻은 듯하나, 할복 12일 후부터 상연된 연극은 3일째에 막을 내리게 된다.[27] 막부는 이러한 연극의 동향을 배려하여 "예전에도 고지했듯이 당시 비상사태가 발발할 경우, 요곡 소가(謠曲 小歌)를 지어 더더구나 출판물을 파는 것은 더욱 금한다. 사카이초[堺町], 고비키초[木挽町]의 극장에 그와 비슷한 비상사태를 흉내내서는 안 된다"며 현실에서 일어났던 정치적 사건을 본떠 극화하는 것을 일절 금지한다는 공고를 냈다. 그래도 40년 동안 20편 이상의 '모델 연극'이 상연되었다. 막부와 지배계급층의 입장에서 보면, 충의를 적극적으로 알리고 강조하지 않으면 안 되었던 때는 겐로쿠에서 교호([享保], 1716~1735)에 걸친 전환기였다. 오히려 호레키([宝暦], 1751~1752)라는 시기는 좀 벗어나 있었다. 호레키 시절에 상연되기 시작했던 이유는 막부의 자세에 대한 서민 측의 대응과도 무관하지 않고 또한 조닌의 눈으로 본 무사라는 측면과도 관련된다. 즉, 조닌이 그와 같은 무사의 행동을 좋아했다고 생각해 보면 호레키시대에 무사계급의 체제유지 위기감이 컸다고 보기는 어렵다. 그렇게 되면 조닌 사회의 윤리문제에서 생각해 볼 때 호레키는 뭔가 문제가 있는 시대이며, 그것이 「주신구라」의 성립과 상연에 관련되었던 것으로 보인다. 겐로쿠 시대에서는 아코 의사극(義士劇)을 상연하면 오히려 반체제 같은 느낌이 들었으나, 호레키시대에 이르면 반대로 체제에 편승한 듯한 느낌마저 든다. 그도 그럴 것이, 「주신구라」가부활하는 것은 언제나 정치의 개혁기이기 때문이다. 간세이([寬政], 1789~1800)에서도 그러했었고 덴포([天保], 1830~1843)시기에는 상연횟수가 급증했다. 그렇기 때문에 「주신구라」가 세상에 나왔던 시점에서 뒤집어진 듯하다. 막부의 눈치를 보아가며 시대는 남북조시대로 바뀌었지만, 여전히 「주신구라」는 절대적 지지를 모은다. 이때 '주신구라'라는 말이 처음으로 사용되기 시작했으며, 메이지시대에 들어와서 강담(講談), 랑곡(浪曲)에서 주신구라의 에피소드는 미담으로 자리잡아간다. 강담(講談)에서는 이치류사이 데이잔[一龍齋貞山], 랑곡(浪曲)에서는 도주켄 구모에몬[桃中軒雲右衛門]이 유명한데 구모에몬은 스스로를 '무사도 고취자(鼓吹者)'로 부르고 자작인 「義士銘々伝」으로 대단한 인기를 얻게 된다. 이와 같은 열광 속에서 메이지의 근대화는 착착 진행된다.

메이지 이후 정부는 '충군애국'을 국민도덕으로 내세웠고 「주신구라」는 그에 안성맞춤인 코드가 되었다. 이 시기에 「주신구라」는 정신론을 축으로 한 냄새를 강하게 풍겼다. 제2차세계대전 직후 연합군 총사령부(GHQ)에 의해 「주신구라」는 민주주의에 반하는 위험사상으로 낙인찍힌다. 맥아더 사령부는 점령정책을 착수하는 과정에서 일본의 민주화에 방해가 된다고 판단해 일찌감치 가부키를 추방했다. 주군에의 충성, 할복, 복수 등 봉건도덕 찬미에 엄벌을 내린 것이다. 5백 편이 넘는 가부키 대본 중에서 무용극과 연애극을 제외한 3분의 2에 해당하는 작품이 상연금지대상의 목록에 오른다. 이로써 「주신구라」는 물론이고 「스가와라덴주 데나라이카가미(菅原伝授手習鑑)」「간진초(勸進帳)」등과 같은 지다이모노(時代物)라 불리는 고전의 명작들이 하나같이 매장당했다.

또한 1912년(大正원년) 9월 13일 메이지 일본국왕 장례 당일에 육군대장 노기 마레스케[乃木希典]가 아카사카[赤坂] 자택에서 할복[殉死]했다. 아코 낭인들의 묘가 있는 센가쿠지 절에도 참배했던 그였기에 그의 행동은 일약 성충무이(誠忠無二)의 군신(軍神)으로 받들어져 모셔졌다. 시가 나오야[志賀直哉], 아쿠타가와 류노스케[芥川龍之介] 등의 차가운 비판도 있지만, 모리 오가이[森鷗外]와 나쓰메 소세키[夏目漱石]등은 깊은 공감을 표했다.

이처럼 「주신구라」는 각 시대상과 맞물려 새로운 또 하나의 「주신구라」를 만들어왔다 할 수 있다. 다시 말해서 우리들은 각 시대의 표상(表象)으로서의「주신구라」를 통해 역사의 풍진 속에 파묻혀 있는 빛과 그림자, 또 그를 둘러싼 인간의 모습들을 발견할 수 있는 것이다.

주

1) 기라는 아시카가 집안[足利家]으로 의전의 총책임자였다. 일본어 직명으로 고케[高家]라고 하는데 「가나데혼 주신구라」에서의 등장인물 고노 모로노[高師直]의 고(高)와 통한다.
2) 일본인뿐만 아니라 「주신구라」는 외국인에게도 잘 알려져 있다. ①"일본은 스스로가 가장 믿는 도의를 아이들에게 가르치기 위해 이야기나 전설을 들려준다. 그 중, 가장 인기 있는 것은 실화인 47인의 사무라이 이야기이다"(미국), ②"아코 사무라이는 일본의 국민적 서사시라고 해도 좋다. 그것은 매년 반복해서 텔레비전과 연극에 나타난다"(호주), ③"일본은 전설이 많고, 역동적이면서 거친 역사를 갖고 있다. 이 역사는 예술과 문학을 크게 고무시켰는데, 일본의 문학과 예술에는 일반적으로 걸출한 인물은 거의 보이지 않는다. 이것은 일본인이 서양사회와 달리 개인을 중시 여기지 않았기 때문이다. 이 경향은 개성의 함양보다도 집단으로의 동화를 부추겼다. 불교도 전통도 이 몰개성화를 강화하는 데 크게 기여했다. 가장 유명한 영웅이야기조차 한 사람이 아닌 47인의 영웅을 다루고 있다"(영국)(NHK취재반 『어떻게 비치고 있나 일본의 모습』, 日本放送出版會, 1984).
3) 단장 鹿取泰衛, 부단장 永山武臣, 연출 茂木千佳史, 배우 30명, 음악 20명에 조명 무대장치 스태프 등 총 80명이 내한하였다.
4) 가부키 극장에서, 보통 무대 왼쪽에서 배우가 객석을 관통하여 무대에 드나드는 통로이나 무대의 연장으로서 여기서도 연기를 한다.
5) 永山武臣 監修·茂木千佳史 編集『歌舞伎海外公演の記錄』(松竹株式会社, 1992年)의 「韓国公演」 참고.
6) 김열규, 「88문화칼럼」, 『경향신문』(1988년 9월 8일).
7) 사건이 터지고 인형극 『주신구라』가 나올 때까지의 40여 년간 이 사건을 제재로 한 작품은 상당수에 이른다. 센세이션을 일으킨 사건이었기 때문에 곧 각색되었다. 아사노에 대한 막부의 조치가 즉일할복(卽日割腹), 가계단절(家系斷絕)이라는 엄벌에 비해 기라에게는 아무런 문책도 없었다. 기라를

습격한 낭인들에 대해서는 그 이듬해 전원 할복이 언도, 다음날 모두 형장의 이슬로 사라졌다. 악한 사를 살려두는 것은 인지상정인지라 당연히 아사노 집안과 낭인들에 대한 동정심은 많았다. 그리고 막부의 공정치 못한 편파적인 조치에 대한 일반적인 감정은 수그러들지 않았다.

8) 무가사회에 대한 이야기를 각색할 때에는 실제의 인명을 사용해서는 안 되는 법령이 에도 초기인 1644년에 발포되었다. 아코 사건 후인 1703년에는 시사와 관련된 소설이며 연극 상연을 금지했다. 그러나 민중의 일대관심사이기도 하고 극적이기도 한 이 사건은 여러 가지 수단을 강구하여 관헌의 눈치를 살펴가며 무대화가 진행되었다. 그러더니 47년째가 되던 해에 『다이헤이키』의 세계를 빌려 사건을 극화한 「주신구라」가 탄생된 것이다. 선행 작품들의 집대성인 「주신구라」를 바탕으로 이후에는 소위 '주신구라물'이라는 작품군이 형성되었다.

9) 일본 남북조 시대 50여 년간의 전란의 모습을 화려한 일한(日漢)혼용문으로 묘사한 군담소설.

10) 「주신구라」의 시대배경은 아시카가 다카우지의 시대(중세), 장소는 가마쿠라로 되어 있지만 사실은 5대 쇼군 도쿠가와 쓰나요시[德川綱吉]의 시대(근세)이고 에도의 사건임은 두말할 나위 없다.

11) 童門冬二, 『江戸のワイロ』(ネスコ, 1995), pp. 87~92 참조.

12) 아코 낭인의 복수극 발단설 중, 아사노가 기라에게 선사한 뇌물이 그다지 변변치 못했기 때문이라는 것이 유력하다. 봉록이 적은 기라의 입장에서는 총수입의 일부를 뇌물로 충당하려 했던 것이다. 그러한 관례를 이해하지 못한 아사노에게 너무나도 노골적인 모욕을 가한 것이 소나무 복도에서 칼부림을 야기시킨 것이다.

13) 불우한 영웅 미나모토노 요시쓰네[源義經]와 같은 약자나 패자에게 동정하고 편드는 심리를 말한다. '호간비이키'라고도 한다.

14) 13세기부터 일본 무사들은 가이샤쿠[介錯]라는, 자살을 도와줄 동료나 하인 혹은 친구를 구했다. 자살을 도와주는 사람은 자살하기 위해 무릎을 꿇고 있는 사무라이 뒤에서 칼을

들고 서 있다가, 사무라이가 자신의 배를 가르기 시작하면 단번에 목을 쳐서 죽였다.

15) 게르트 미슐러, 『자살의 문화사』(시공사, 2002), pp. 211~217.

16) 일본에서는 전통적으로 복수를 의식처럼 치러 왔으며 원수를 대하는 감정이 매우 관념적이다. 결사대 47명은 주군의 원수를 갚는 일보다 원칙적으로는 자신이 몸담은 무사 사회의 명예를 지키는 일이 더 중요하였다. 일본의 시대극은 영화나 연극 할 것 없이 거의 복수를 주제로 한 것들이다(김용운, 『일본인과 한국인』, 뿌리깊은나무, 1981). 이 책에서도 그렇지만, 한국에서 일본, 일본인, 일본사회에 대해 언급할 때 곧잘 소개되는 「주신구라」의 대다수가 '아코 사건'과 혼동하는 오류를 범하고 있다. 본래, '주신구라'라는 말은 「가나데혼 주신구라」라는 작품이 나오고 나서 생긴 말이므로 역사적 사건은 '아코 사건'으로 구별해서 부르는 것이 마땅하다.

17) 쓰보우치는 메이지 20년대부터 유럽의 새로운 문예비평의 방법, 특히 셰익스피어 연구로 성과를 거둔 극중인물의 성격과 심리분석 방법을 응용하여 지카마쓰 연구를 시작했다. 그는 와세다대학 출신자를 중심으로 近松研究會를 조직하여, 연구회에서 「義理와 人情」을 주된 테마로 다루었다.

18) 對談「日本人の表現」『中央公論文芸特集』(1986年春季號)山崎正和의 대화문 참조.

19) 藤野義雄『仮名手本忠臣藏 解釋と研究(上)』(櫻楓社, 1974) pp.64~65.

20) 源 了圓(『義理と人情』中公新書191)은 의리 인정을 한쌍으로 사용하여 정적(靜的)이며 퍼스널한 인간관계에 성립되는 일종의 人倫, 마음의 본 자세를 뜻한다고 했으며, 이 경우 의리와 인정은 다 함께 어떤 따뜻하고 녹녹한 성격을 지닌 인간관계에 뿌리를 내린 심정도덕(心情道德)이라 했다.

21) 小西甚一, 『日本文學史』(講談社學術文庫, 1993년).

22) 1775년(安永四)에서부터 1806년(文化三)에 이르는 32년간의 구사조시[草雙紙] 목록인 『戱作外題鑑』은 본 작품을 "이 작품은 대단한 호평을 받아 이후 주신구라의 이작(異作)이 속출하는데 모두 이 작품의 모방작이다"라며 주신구라 게사쿠의 효시로 평하고 있다.

23) 에도 시대에 나가사키[長崎]지방에서 유행하기 시작한 중국 요리가 일본화된 것으로, 주재료가 육류와 어패류이며 큰접시에 담아내어 각자 덜어먹게 된다.

24) 우키요에의 형성기부터 쇠퇴기까지 많은 화가들이 활약했는데, 히시카와 모로노부(菱川師宣, 1630~1694)는 우키요에 판화의 창시자로, 손발이 가늘고 애련한 분위기로 몽유적인 화면을 나타내는 한편 배경의 사물을 세세하게 그려내 현실미가 느껴지는 미인도를 완성시켰다. 그의 육필화 「뒤돌아보는 미인(見返り美人)」은 1948년 11월29일에 우표취미주간 기념우표 제1호로 발행되기도 했다. 또한 도리이 기요나가[鳥居清長]는 아름다운 복장에 우아한 자태를 가진 건강미인을 밝고 따뜻한 느낌의 색채로 표현하여 새로운 미인화 양식을 확립한 인물이다. 이와 함께 절대 빼놓을 수 없는 인물이 신비의 화가 샤라쿠이다. 1794년 어느 날 혜성처럼 나타난 그는 거의 파산지경에 이른 출판업자 쓰타야 주자부로[鳥屋重三郎]를 기사회생시키더니, 10개월 남짓 동안에 140여 점이나 되는 작품만 남기고 불현듯 자취를 감췄다. 너무도 사실적인 그의 그림은 때로는 사람들에게 외면당하기도 했는데, 이유인즉슨 미인이어야 할 온나가타(女形, 여자역 전문 남자 배우)의 모습을 있는 그대로 투박하고 희화적으로 표현했기 때문이었다. 1910년 독일의 쿠르트가 벨라스케스나 램브란트와 견줄만한 초상화가로 극찬하면서 일약 세계의 주목을 받기 시작했으며, 김홍도의 변신이라는 설도 나돌고 있다.

25) 서양화가 선이 그리는 윤곽선으로부터 벗어나 3차원의 세계를 구축하려 했다면, 동양화는 윤곽선을 벗어나지 않는 2차원을 고집했다. 동양화의 기본은 선이며, 선은 화가의 사상(思想) 그 자체라고도 할 수 있다. 특히 우키요에의 섬세한 선은 그림의 생명력이라고 할 수 있으며 판화가의 예리한 칼놀림까지도 느낄 수 있을 정도이다.

26) 아코 사건 후 조루리 인형극만도 여러 작품이 만들어져 하야노 간페이가 등장하기도 하고 유라노스케가 방탕한 생활을 하는 장면이 나오기도 하면서 야마나시에서의 이별 이야기 등이 각색되었다. 이것을 종합 집대성한 형태로 완결된 것이 바로 「가나데혼 주신구라」인 것이다. 행동을 같이 한 동지

47명을 일본의 가나[仮名]문자 47개에 빗대어 가나데혼[仮名手本]이라 명명했다. 극중배역 이름은 지카마쓰의 작품 그대로 따랐다.

27) 사건이 터지고 12일이 지난 1703년 2월 16일, 이 사건을 소재로 한 「아케보노 소가노요우치」라는 작품이 에도 나카무라 극장에서 상연되었다. 이 연극은 가마쿠라 시대에 소가 형제가 부모의 원수를 갚는 이야기에 빙자하여 꾸민 것이지만, 막부 당국을 자극한 결과가 되어 공연 3일 후에는 상연을 중지한다. 사건이 끝난 다음에도 계속 화제의 중심이 되었던 아코 낭인의 기습이 비록 증아형제(曾我兄弟)의 복수극이라는 형태로 꾸며졌지만 낭인의 기습을 암시, 우의(寓意)했음은 명료했다. 그래서 이 흥행은 막부의 명령으로 3일째 상연금지 처분을 받는다.

참고문헌

김용운, 『일본인과 한국인』, 뿌리깊은나무, 1981.

한국일어일문학회, 『게다도 짝이 있다』, 글로세움, 2003.

한국일어일문학회, 『모노가타리에서 하이쿠까지』, 글로세움, 2003.

渥美清太郎編纂, 『日本戯曲全集·赤穂義士劇篇』, 春陽堂, 1928.

頴原退蔵, 『江戸文芸』, 晃文肚, 1942.

富士正晴, 『パロディの精神』, 平凡社, 1974.

藤野義雄, 『仮名手本忠臣蔵 解釈と研究㊤㊥㊦』, 桜楓杜, 1974~1975.

板坂元, 『町人文化の開花』, 講談社現代新書, 1975.

______, 『国文学 忠臣蔵·日本人の証明』, 学灯社, 1986.

永山武臣 監修·茂木千佳史 編集, 『歌舞伎海外公演の記録』, 松竹株式会社, 1992.

服部幸雄編著, 『仮名手本忠臣蔵』, 白水社, 1994.

国立文楽劇場調査養成課調査資料係編, 『忠臣蔵の世界』, 日本芸術文化振興会, 1994.

早稲田大学演劇博物館編, 『忠臣蔵(上)』, 早稲田大学出版部, 1994.

小沢富夫, 『武士 行動の美学』, 玉川大学出版部, 1994.

勝部真長, 『忠臣蔵と日本人』, PHP研究所, 1994.

丸谷才一, 『芝居は忠臣蔵』, 文芸春秋, 1995.

赤穂市役所市史編纂室編, 『忠臣蔵 第六巻』, 赤穂市, 1997.

주신구라 47인 사무라이의 복수극

초판발행 2005년 7월 15일 | 2쇄발행 2007년 9월 5일
지은이 이준섭
펴낸이 심만수 | 펴낸곳 (주)살림출판사
출판등록 1989년 11월 1일 제9-210호

주소 413-756 경기도 파주시 교하읍 문발리 파주출판도시 522-2
전화번호 영업·(031)955-1350 기획편집·(031)955-1357
팩스 (031)955-1355
이메일 salleem@chol.com
홈페이지 http://www.sallimbooks.com

ISBN 89-522-0405-0 04080
89-522-0096-9 04080 (세트)

값 9,800원